JN429850

엄마와 아이가 함께 입는

원피스 만들기

엄마와 아이가 함께 입는

원피스 만들기

2012년 4월 24일 1판 1쇄 발행
2017년 5월 25일 1판 6쇄 발행

지은이 이현주

펴낸이 김현표
주간 최진선
편집 원희진
디자인 신정민·정선명
삽화 김민 (http://blog.naver.com/hiroukie77)
사진 신중훈·정재훈 (http://636at.com)
스타일링 김민경
모델 양은진·최유진·최유나
가발협찬 고운머리 (www.gowoonhair.com)
제작 김인표

펴낸곳 니케
주소 경기도 파주시 광인사길 103
전화 031-955-6266
팩스 031-955-6267
홈페이지 www.mijinsa.com
이메일 mijinsa@mijinsa.com

등록번호 제406-2013-000125호

ISBN 978-89-97732-00-5

값 15,000원

엄마와 아이가 함께 입는

원피스 만들기

이현주 지음

니케

차례

16

앞 오픈 원피스 *kids*
how to make p.124

17

앞 오픈 원피스 *mom*
how to make p.128

18

뒤 오픈 원피스 *mom*
how to make p.130

19

뒤 오픈 원피스 *kids*
how to make p.134

20

오버롤 원피스 *mom*
how to make p.136

21

퍼프 소매 원피스 *mom*
how to make p.140

22

레이스 핀턱 원피스 *mom*
how to make p.144

23

래글런 원피스 *kids*
how to make p.148

24

래글런 주머니 원피스 *mom*
how to make p.152

25

래글런 7부 소매 원피스 *mom*
how to make p.156

26

반 오픈 셔츠 원피스 *mom*
how to make p.158

27

셔츠 원피스 *mom*
how to make p.164

28

내추럴 슬립 *mom*
how to make p.170

29

내추럴 슬립 *kids*
how to make p.174

30

레이스 속바지 *mom*
how to make p.176

31

레이스 속바지 *kids*
how to make p.180

WELCOME

Tropicana

COFFEE
SUGAR

책을 내며

오랜 직장 생활을 접고 큰 아이를 임신하면서,
아이에게 내 손으로 직접 옷을 만들어 입히고 싶은
마음에서 출발한 바느질이었습니다.
처음에는 만들기 쉬운 작은 스커트부터 시작했습니다.
꽃무늬가 예쁜 헝겊을 골라 엉성한 손바느질로 옆선, 허리선, 밑단을 박고
고무줄을 넣어 완성한 스커트를 아이에게 입히는 순간
엄청난 뿌듯함을 느꼈던 것 같습니다.
그렇게 바느질의 매력에 푹 빠지기 시작해서
지금까지 매일매일 핸드메이드 생활을 이어 오고 있습니다.

저는 의상 전공자도 아니고, 양재 수업을 받아 본 적도 없습니다.
다만, 이 책을 구입하시는 여러분들보다 많이,
아주 많이 만들어 봤을 뿐이라고 생각합니다.
처음에는 원단을 고르는 일부터 패턴을 옮겨 그려 재단하고,
생소한 용어들을 이해해 가며 바느질하는 것까지 쉬운 게 하나도 없었습니다.
다른 핸드메이더들의 DIY 패키지를 구입하기도 하고,
바느질 실용서를 구입해서 따라 만들기도 하고…
여기저기 기웃거리면서 하나하나 배워 나갔습니다.
이런 과정을 통해 처음에는 "이걸 어떻게 입지?" 하던 것이
이제는 외출할 때도 입을 수 있는 그럴 듯한 옷을 만들 수 있게 되었습니다.

누구에게나 처음은 있다고 생각합니다.
서툴고 엉성하더라도 하나하나 알아 가는 과정이 있기에
내 손으로 만드는 즐거움이 더 크게 다가오리라 생각합니다.
몇 년 전 저희 집 세 여자(나나, 큰 딸, 작은 딸)가 모두 핸드메이드 원피스를 입고
나들이 가서 찍었던 사진을 가끔씩 꺼내어 보면 흐뭇한 미소가 절로 나옵니다.
그런데 이렇게 생각지도 못했던 의류 서적을 출간하게 되고,
내 아이들이 엄마가 만든 옷을 입고 모델로 등장하기까지 하니
그 뿌듯함은 이루 말할 수 없습니다.
아마 아이들이 커도 두고두고 꺼내어 보며 미소 짓게 될 것 같습니다.
제가 지금 느끼는 행복감을 이 책을 보고 옷을 만들게 될 여러분들도
함께 느낄 수 있길 바랍니다.

2012년 봄. 나나

01. 에이프런 원피스

Apron onepiece kids

how to make p.72

SUGAR
COFFEE
Tropicana

02. 에이프런 원피스

Apron onepiece mom

how to make p.76

03. 스칼럽 원피스

Scallop onepiece mom

how to make p.80

04. V넥 원피스

V-neckline onepiece mom

how to make p.84

05. 랩 스타일 롱 원피스

Wrap style long onepiece mom

how to make p.88

06. 프릴 카라 원피스

Frill collar onepiece mom

how to make p.92

07. 캐미솔 원피스

Camisole onepiece mom

how to make p.96

08. 캐미솔 원피스

Camisole onepiece kids

how to make p.100

09. 플랫 카라 핀턱 원피스

Flat collar pintuck onepiece kids

how to make p.102

10. 플랫 카라 핀턱 원피스

Flat collar pintuck onepiece mom

how to make p.106

11. 어깨 프릴 원피스

Shoulder frill onepiece kids

how to make p.108

12. 어깨 프릴 원피스

Shoulder frill onepiece mom

how to make p.112

13. 앞 프릴 원피스

Front frill onepiece kids

how to make p.114

14. 스트라이프 원피스

Stripe onepiece kids

how to make p.118

15. 스트라이프 원피스

Stripe onepiece mom

how to make p.122

16. 앞 오픈 원피스

Open onepiece kids

how to make p.124

17. 앞 오픈 원피스

Open onepiece mom

how to make p.128

18. 뒤 오픈 원피스

Back open onepiece mom

how to make p.130

19. 뒤 오픈 원피스

Back open onepiece kids

how to make p.134

20. 오버롤 원피스

Overall onepiece mom

how to make p.136

21. 퍼프 소매 원피스

Puff sleeve onepiece mom

how to make p.140

WELCOME

22. 레이스 핀턱 원피스

Lace pintuck onepiece mom

how to make p.144

23. 래글런 원피스

Raglan onepiece kids

how to make p.148

24. 래글런 주머니 원피스

Raglan pocket onepiece mom

how to make p.152

25. 래글런 7부 소매 원피스

Raglan half sleeve onepiece mom

how to make p.156

26. 반 오픈 셔츠 원피스

Semi open shirts onepiece mom

how to make p.158

27. 셔츠 원피스

Shirts onepiece mom

how to make p.164

28. 내추럴 슬립

Natural slip mom

how to make p.170

29. 내추럴 슬립

Natural slip kids

how to make p.174

30. 레이스 속바지

Lace drawers mom

how to make p.176

31. 레이스 속바지

Lace drawers kids

how to make p.180

Introductory remarks
&
Sewing tip

✤ 실물 패턴

본문에 소개된 원피스 번호를 실물 패턴에서 찾아 부직포 패턴지에 옮겨 그린다. 패턴지 A에는 아이용 패턴, 패턴지 B와 C에는 어른용 패턴을 수록하였다. 각 원피스를 만들 때 필요한 패턴 조각의 수를 잘 기억해 두고 빠짐없이 옮겨야 하며, 패턴 안쪽에 표시된 핀턱이나 주머니 위치, 주름 위치, 단추 위치, 카라 위치, 중심 등도 패턴을 옮길 때 잊지 말고 같이 표시해 두도록 한다.

패턴 자체에는 시접이 포함되어 있지 않으니 원단에 패턴을 대고 라인을 그린 다음 재단 배치도에 표시된 대로 시접을 두고 재단해야 한다.

실물 패턴의 점선은 골선 재단을 의미하며 원단이 접히는 부분에 점선을 맞춰 좌우 대칭으로 똑같이 재단한다. 똑같은 조각을 2장 재단할 때는 원단을 접어 겹쳐 놓고 한 번에 재단하면 작업 시간을 줄일 수 있다.

체크나 스트라이프 원단을 사용할 경우, 좌우의 무늬를 맞추어 재단하는 것이 좋다.

✤ 완성 사이즈

아이 옷의 경우 키 100, 110, 120, 130cm를 기준으로 네 사이즈를 수록하였으니 아이의 키와 연령에 맞는 사이즈로 만들어 주도록 한다.

어른 옷의 경우 키 160cm 정도의 표준 사이즈에 맞춰 한 사이즈만 수록하였으나 루즈하고 편안한 스타일이므로 55~77까지 누구나 편안하게 입을 수 있을 것이다. 길이만 자신의 키에 맞게 조절하면 된다.

✤ 원단 필요량

원단 필요량에서 1마는 90cm 길이를 말하는 것이다.

원단 폭의 경우 요새는 기본적인 110cm 폭 이외에도 120~160cm 등 대폭으로 제작된 원단이 많이 나오고 있다.

책에는 사용했던 원단의 폭과 마 수를 그대로 표기하였다.

식서 방향은 원단이 풀리는 방향으로 잡아당겨도 잘 늘어나지 않는다. 실물 패턴에 제시된 화살표 방향과 원단의 식서 방향을 맞춰서 재단해야 옷의 변형을 막을 수 있다.

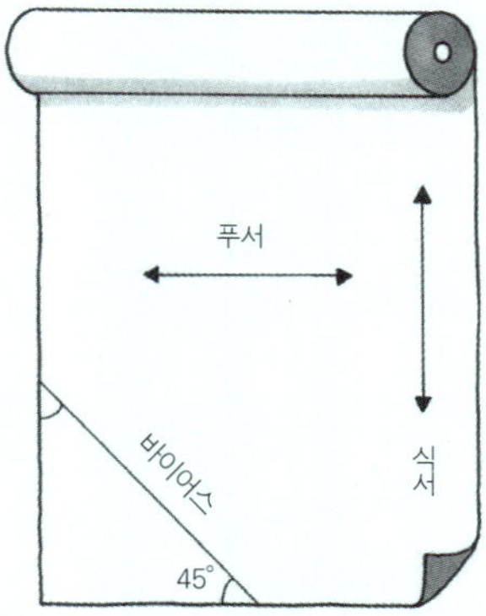

✤ 재단 배치도와 재단 방법

재단 배치도는 해당 옷을 만들기 위해 재단해야 할 조각의 개수와 필요한 시접량, 배치하는 방향을 보여 주기 위한 것이다. 원단은 반을 접거나 가운데를 기준으로 좌우를 접은 모양이지만 절대적이지 않으며, 각자 사용하는 원단의 폭에 따라 접는 방법과 배치 방법을 달리해야 원단 소요량을 줄일 수 있다.

재단 배치도에 표시된 숫자는 각 부분의 시접 필요량으로 cm 단위로 표기해 놓았다. 특별히 언급하지 않는 경우에는 1cm 시접을 두고 재단한다. 직선으로만 이루어진 일부 패턴은 실물 패턴에 포함하지 않았으니 제시된 치수(+시접)대로 직선 재단해서 사용하도록 한다.

❖ 패턴 그리고 재단하기

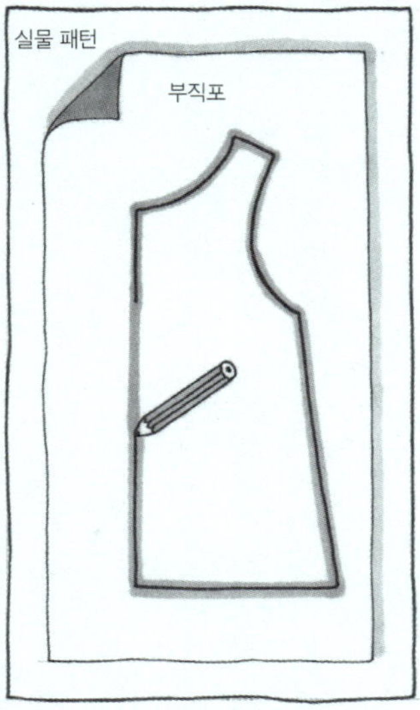

1. 실물 패턴 위에 패턴용 부직포를 올려놓고 선을 따라 그린 후 부직포를 자른다.

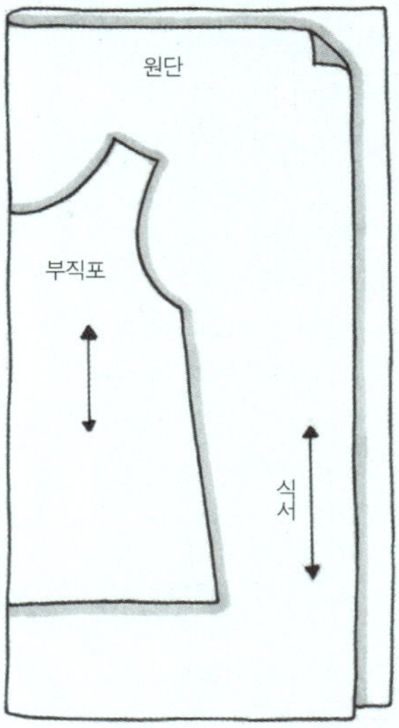

2. 자른 부직포를 원단 위에 식서 방향을 고려하여 올려놓는다.

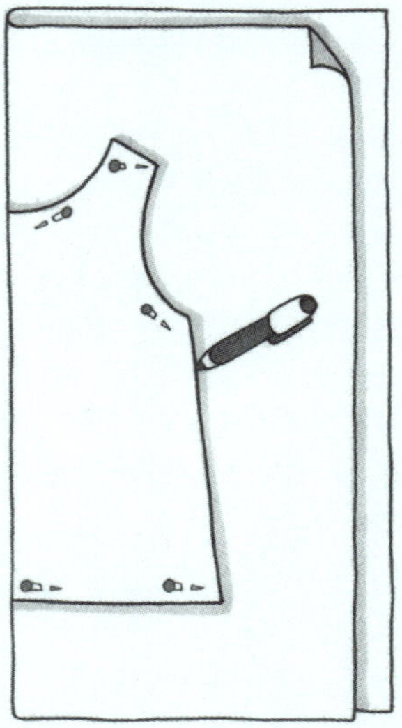

3. 패턴이 움직이지 않도록 문진처럼 무게감이 있는 물건을 올려놓거나 시침핀으로 고정한 후 초크나 원단용 수성펜으로 따라 그린다.

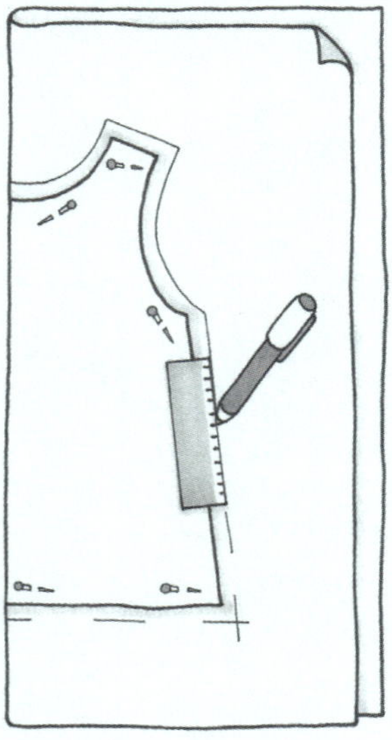

4. 시접 자를 대고 시접 필요량만큼 시접 선을 그린다.

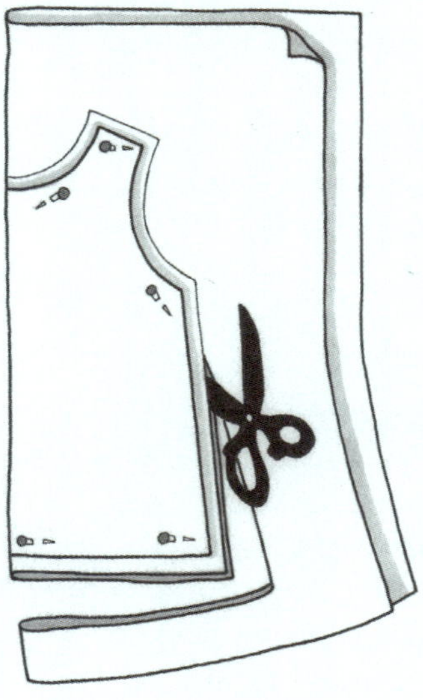

5. 원단을 손으로 들지 말고 바닥에 놓은 상태에서 가볍게 눌러 주면서 시접 선을 따라 자른다.

✤ 밑단 시접 재단하기

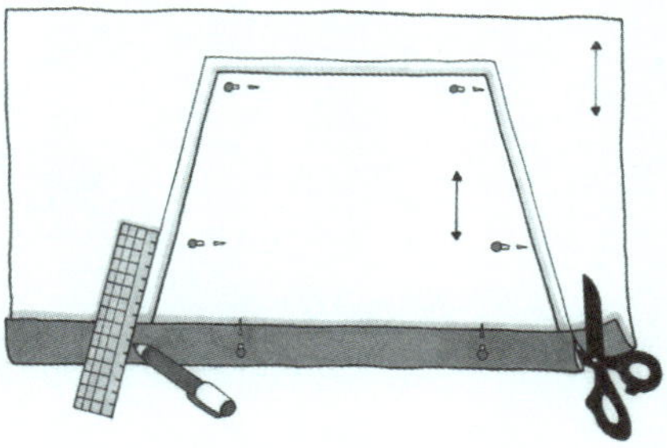

1. 스커트나 소매처럼 A라인으로 벌어지거나 줄어드는 부분의 밑단은 시접을 접어 올린 상태에서 재단한다.

2. 위아래가 대칭이 되어야 나중에 박음질할 때 부족하거나 남는 부분 없이 반듯한 모양이 된다.

✤ 주름 잡기

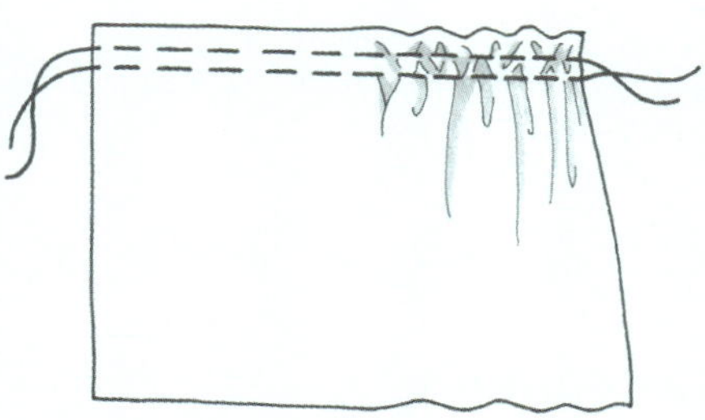

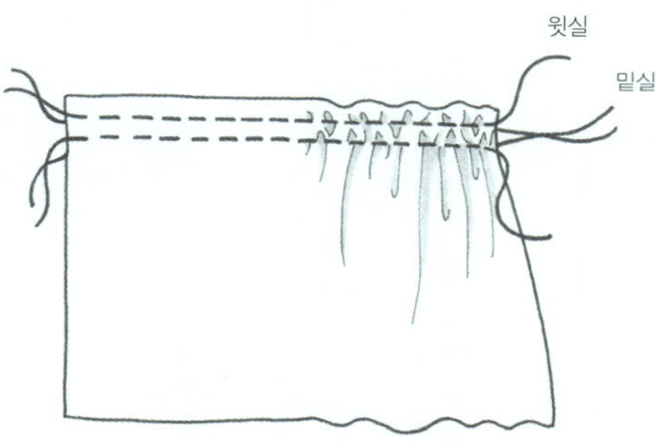

1. 손바느질을 할 경우, 시접 부분에 홈질 2줄을 나란히 한 후에 당겨서 주름을 잡아 준다.

2. 재봉틀을 사용하는 경우, 바늘땀을 크게 하고 장력을 낮춘 다음 나란히 2줄을 박는다. 그리고 밑실을 잡아당겨 주름을 잡아 준다.

✤ 몸판과 스커트 연결하기

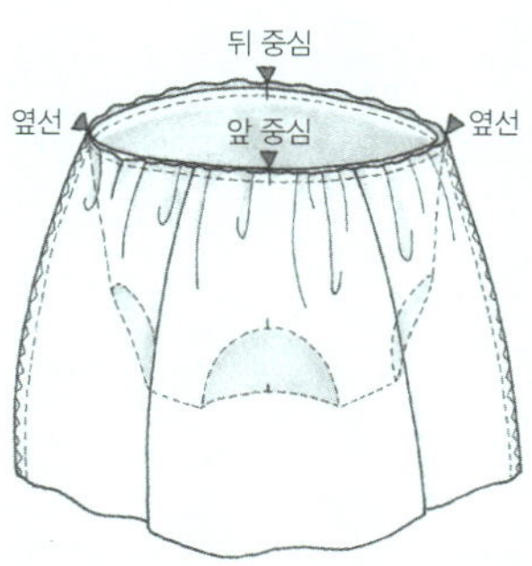

몸판과 주름을 잡은 스커트를 연결할 때는 먼저 스커트와 몸판의 옆선, 앞 중심, 뒤 중심을 일치시켜 고정한 후 주름을 골고루 배분하여 박아 준다.

✤ 접착심지 붙이기

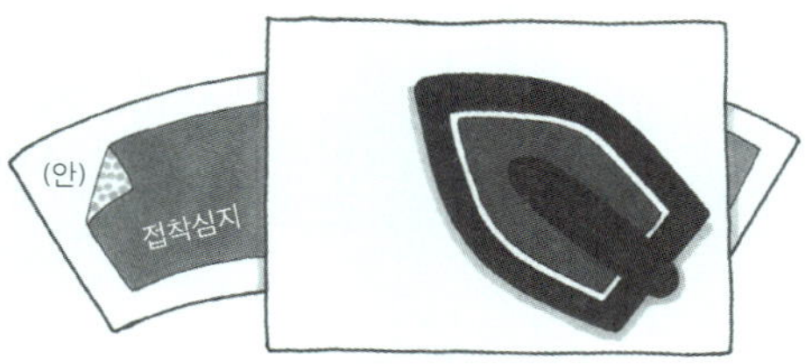

원단 안쪽에 접착심지의 풀칠이 되어 있는 면(까슬한 면)을 맞댄 후 원단으로 덮고 다리미로 다려 고정한다.

❀ 바이어스 만들기

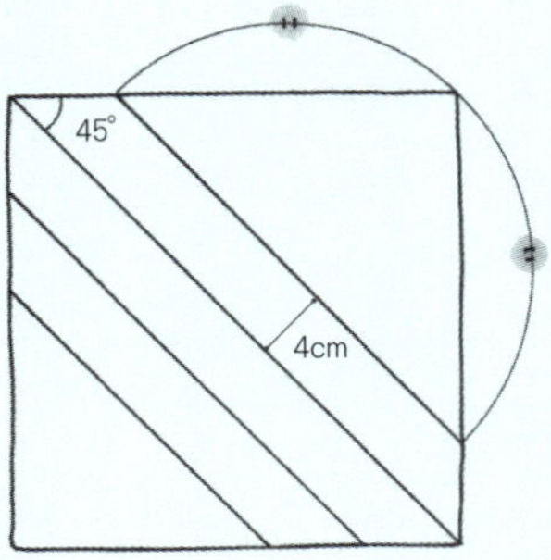

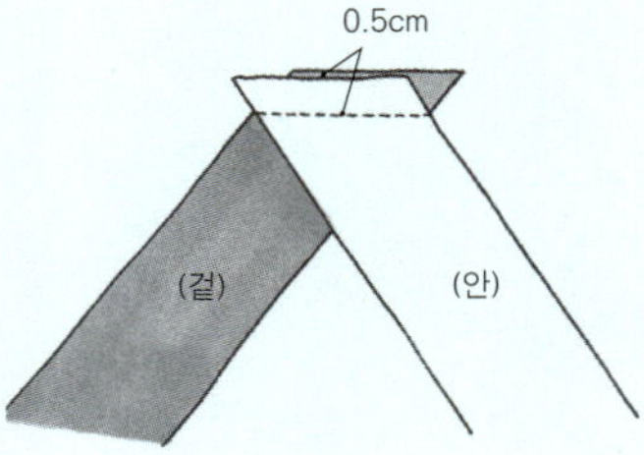

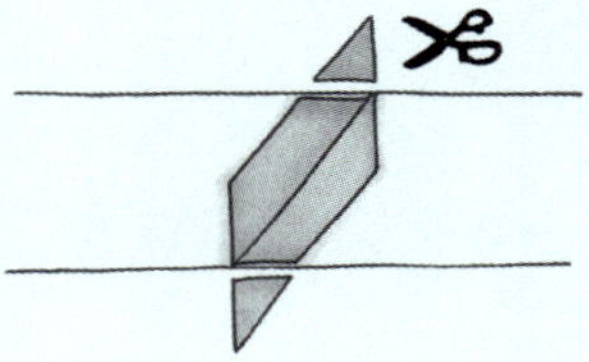

1. 원단 위에 45° 각도로 사선을 그린 후 재단한다.

2. 바이어스를 길게 연결할 때는 겉끼리 맞댄 후 박는다.

3. 시접을 갈라 다린 후 남는 시접 부분을 잘라 낸다.

4. 바이어스메이커(사이즈 18mm)에 넣고 끝의 구멍으로 바이어스를 빼 주면서 다린다.

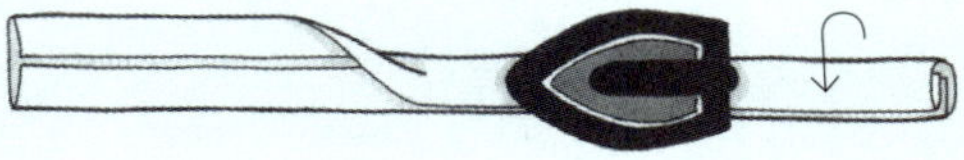

5. 다시 반으로 접어 다려 준다.

❀ 바이어스 처리하기 1 (겉 바이어스=4단 바이어스)

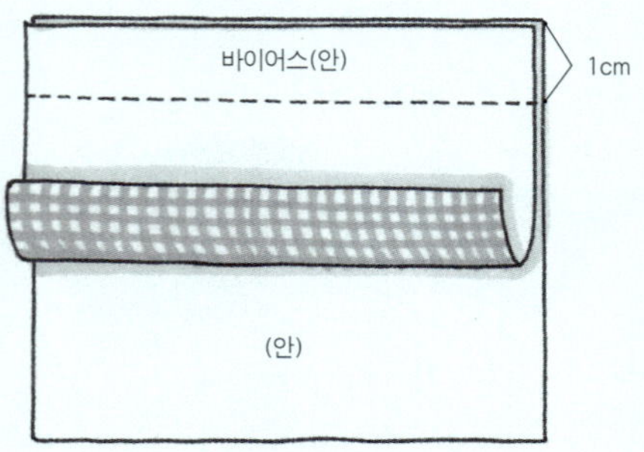

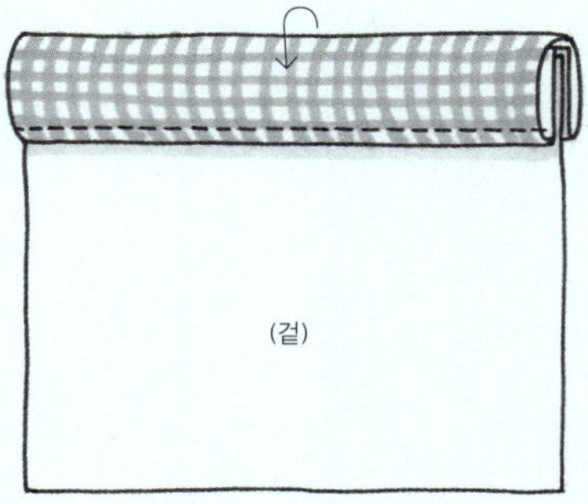

1. 원단 안쪽에 바이어스를 올려놓고 박는다. 별다른 언급이 없으면 바이어스의 폭은 3.5~4cm이다.

2. 바이어스로 시접을 감싸 겉으로 넘긴 후 박는다.

✤ 바이어스 처리하기 2 (안 바이어스=3단 바이어스)

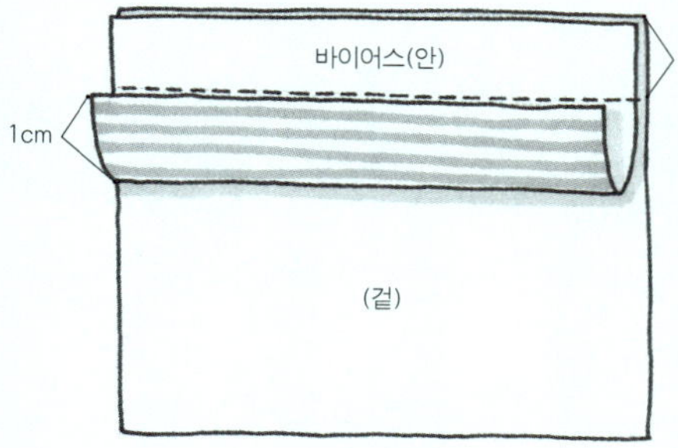

1. 폭 3cm의 바이어스를 3등분으로 다린 후 원단 겉쪽에 올려놓고 박는다. 따로 다림질하지 않고 바로 1/3 지점을 박아도 된다.

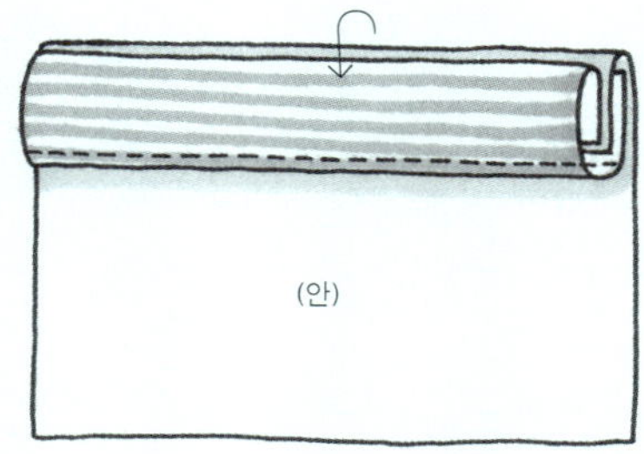

2. 시접을 바이어스로 감싸 안쪽으로 꺾어 다린 후 박아 준다.

* 원래는 3단 바이어스를 사용하지만 시중에 나와 있는 4단 바이어스를 그대로 사용해도 된다. 한 겹이 더 생기기 때문에 바이어스 부분이 도톰해지기는 한다.

✤ 단추구멍 만들기

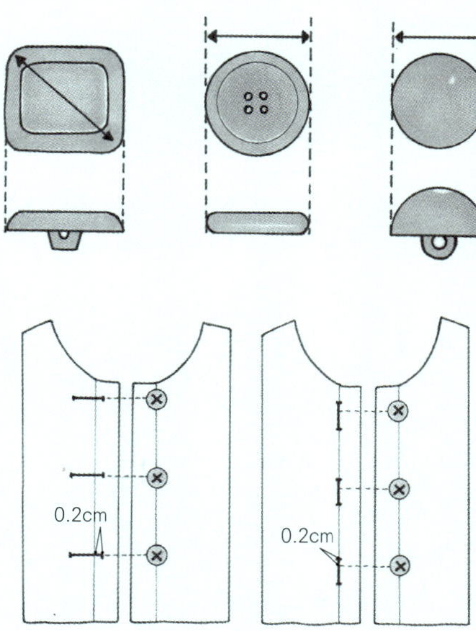

1. 사용할 단추(지름+0.2cm)에 맞게 일정한 간격을 두어 구멍을 만든다. 단추구멍의 방향은 가로, 세로 모두 가능하다.

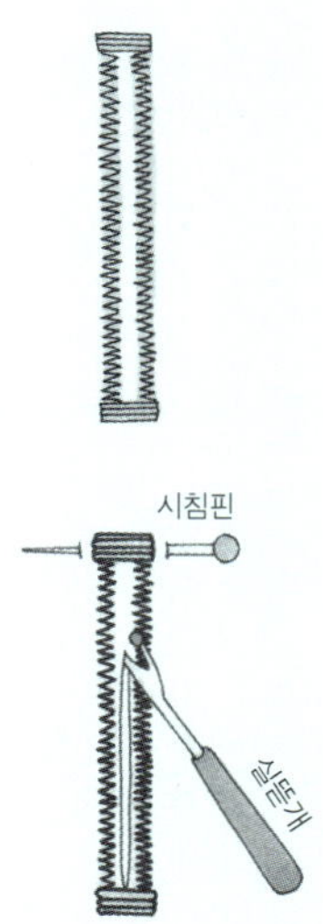

2. 실뜯개를 이용하여 양끝이 뜯기지 않도록 조심하면서 구멍을 뚫어 준다. 한쪽 끝에 시침핀을 꽂아 두면 뜯기는 것을 막을 수 있다.

✣ 단추 달기

1. 단추가 달리는 쪽에 실 매듭을 지어 바느질을 시작한다.

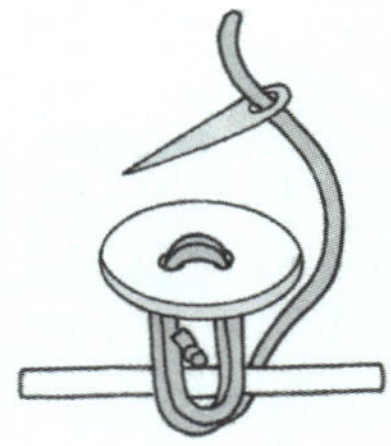

2. 단추와 원단 사이에 원단 두께만큼의 여유를 두고 2~3회 단추 구멍을 오르내리며 떠 준다.

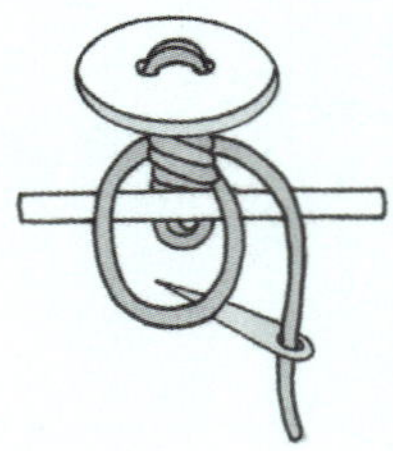

3. 오르내린 실을 여러 차례 튼튼하게 감아 실기둥을 만든다.

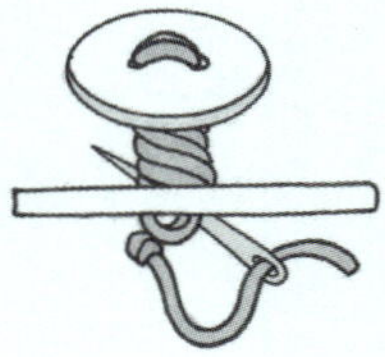

4. 실을 밑에서 위로 빼고 실기둥을 통과시켜 매듭짓는다.

✣ 상침하기

원단을 연결하고 뒤집어 겉에서 한 번 더 홈질하는 것으로 들뜨지 않고 튼튼하게 고정할 수 있다. 색실을 사용하면 장식 효과도 낼 수 있다.

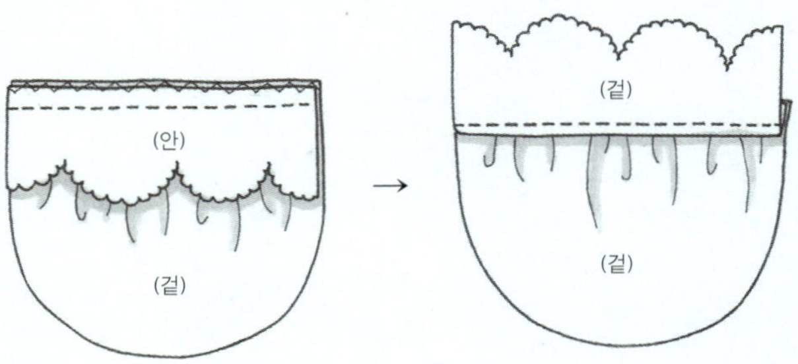

✣ 가위집 내기

곡선 부분의 시접을 가위로 촘촘하게 자르면 뒤집었을 때 모양이 훨씬 자연스럽다. 가위가 박음선까지 닿지 않도록 유의해야 한다.

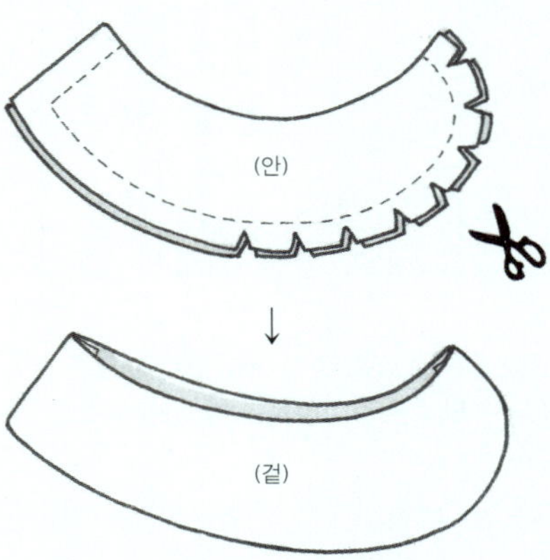

How to make

styling cut p.8

에이프런 원피스

Apron onepiece kids

01

✣ 작업 순서

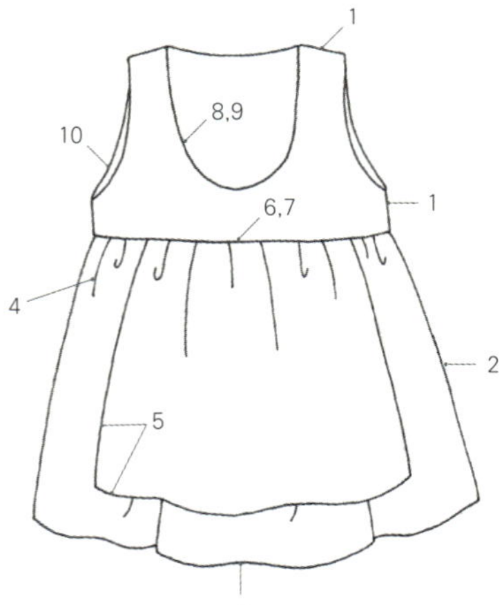

✣ 실물 패턴

패턴지 A 앞면

✣ 완성 사이즈 (100사이즈 기준)

옷 길이 52, 가슴둘레 66cm

✣ 원단 필요량

150cm 폭 린넨 또는 코튼 1마~1.5마

✣ 재단 배치도

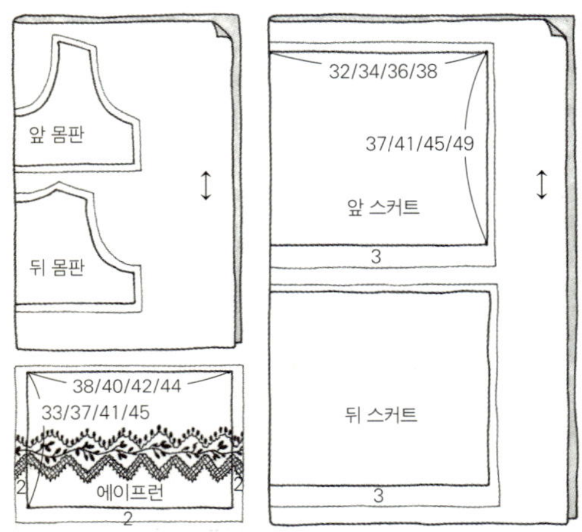

✣ 재단 방법

- 앞 몸판 1장, 뒤 몸판 1장, 앞 스커트 1장, 뒤 스커트 1장, 에이프런 1장을 재단 배치도에 표시된 수치대로 시접을 두고 재단한다.
- 표시하지 않은 곳은 모두 시접 1cm로 재단한다.
- 실물 패턴에 포함되지 않은 앞, 뒤 스커트와 에이프런은 다음의 크기로 직선 재단한다.
  스커트: 64×37 / 68×41 / 72×45 / 76×49cm
  에이프런: 38×33 / 40×37 / 42×41 / 44×45cm

1

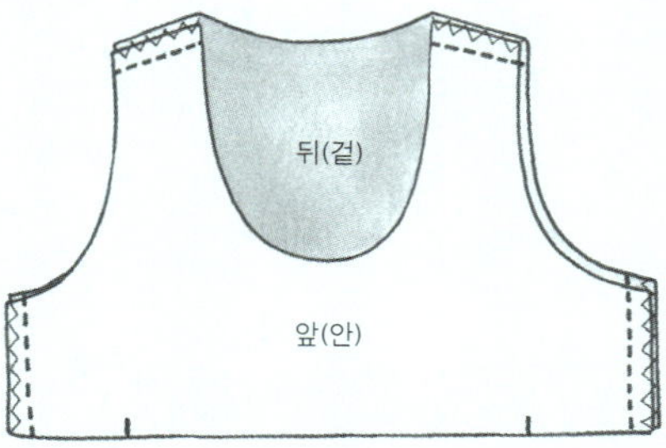

2

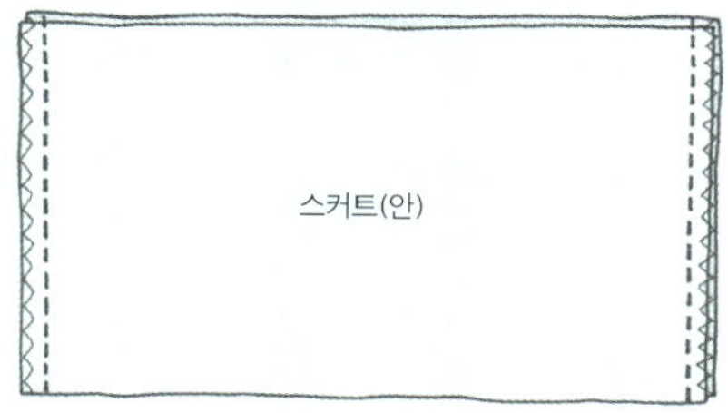

3

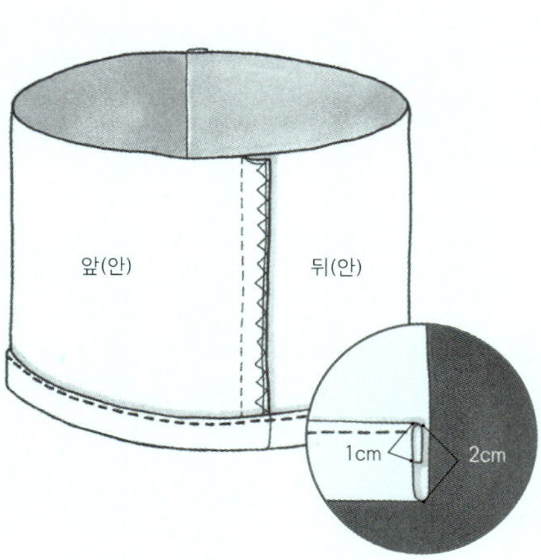

4

5

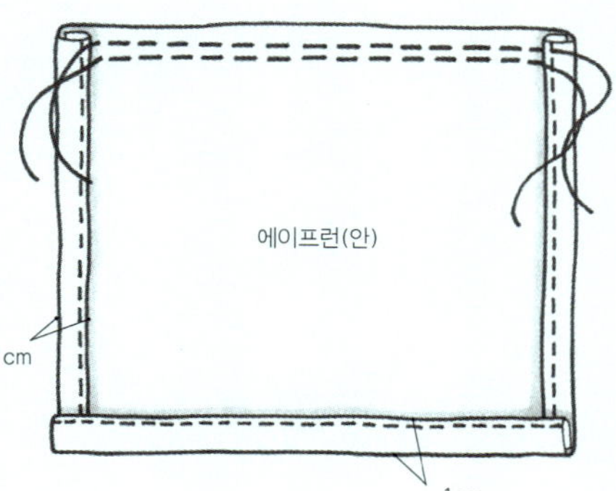

✣ 만드는 방법

1. 앞 몸판과 뒤 몸판을 겉이 마주보게 포갠 후 어깨와 옆선을 박는다. 앞뒤의 시접 2장을 함께 오버로크해서 뒤쪽으로 보낸다.
2. 앞 스커트와 뒤 스커트를 겉끼리 맞대어 옆선을 박은 후 앞뒤의 시접 2장을 함께 오버로크해서 뒤쪽으로 보낸다.
3. 스커트 밑단을 1cm로 접고 다시 2cm를 접어 다린 후 박는다.
4. 스커트 윗부분의 시접에 홈질을 2줄 한 후 양쪽의 실을 잡아당겨 주름을 잡는다.
5. 에이프런의 양옆과 밑단을 1cm씩 두 번 접어 다린 후 박아 주고, 윗단의 시접 부분에 주름을 잡는다.

6

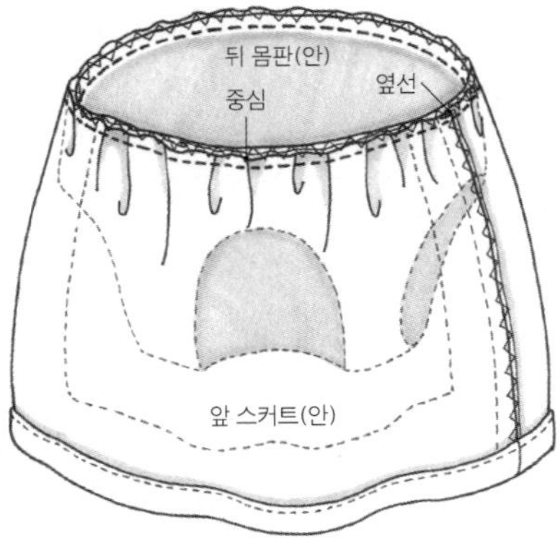

7

8

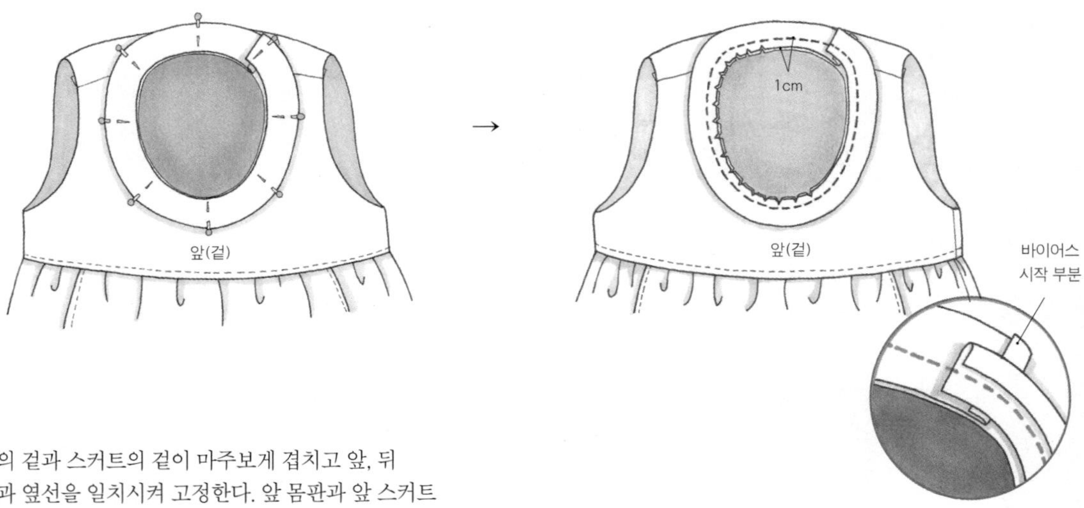

6. 몸판의 겉과 스커트의 겉이 마주보게 겹치고 앞, 뒤 중심과 옆선을 일치시켜 고정한다. 앞 몸판과 앞 스커트 사이에 에이프런 양끝 위치를 맞춰 끼우고 박은 후 시접은 모두 오버로크한다.
7. 시접을 모두 위로 꺾어 다린 후 겉에서 0.2cm로 상침한다.
8. 몸판의 겉과 바이어스의 겉이 마주보게 놓고 목둘레의 완성선과 바이어스의 접힌 선을 맞춰서 시침핀으로 고정한 후 박아 준다. 이때 깔끔한 마무리를 위해 바이어스의 시작 부분을 살짝 접고 시작한다.

9

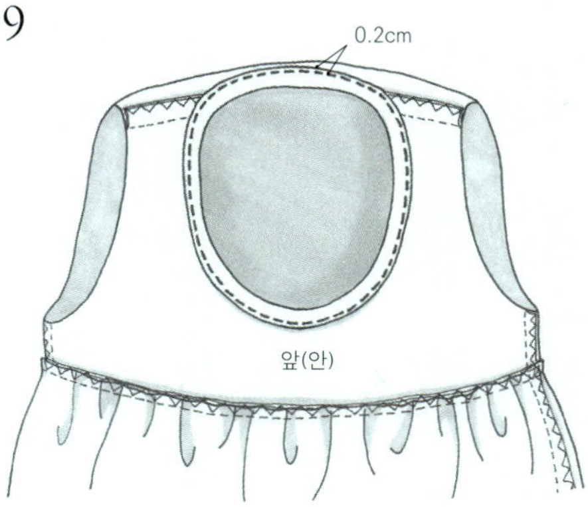

9. 목둘레의 곡선 부분에 가위집을 낸 후 시접을 바이어스로 감싸 안쪽으로 꺾어 다린다. 안쪽에서 바이어스 끝선을 따라 박는다.

10. 몸판 겉쪽에 소매 둘레를 따라 바이어스 겉을 맞대고 바이어스 시작 부분을 살짝 접은 후 박아 준다. 시접에 가위집을 내고 바이어스로 감싸 안쪽으로 꺾은 후 0.2cm로 박아 준다.

10

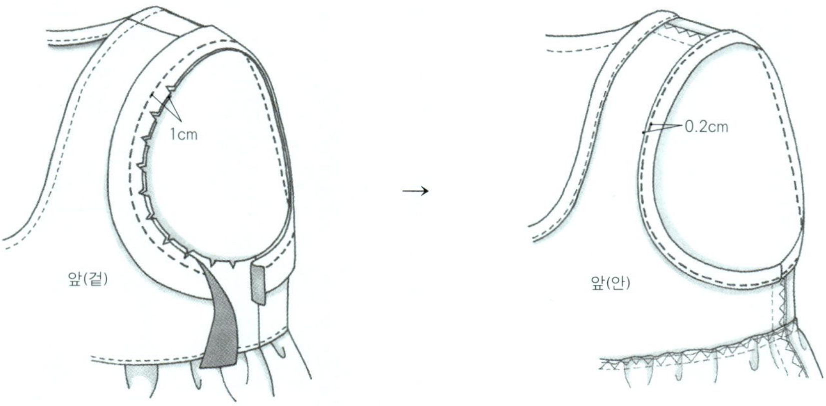

styling cut p.12

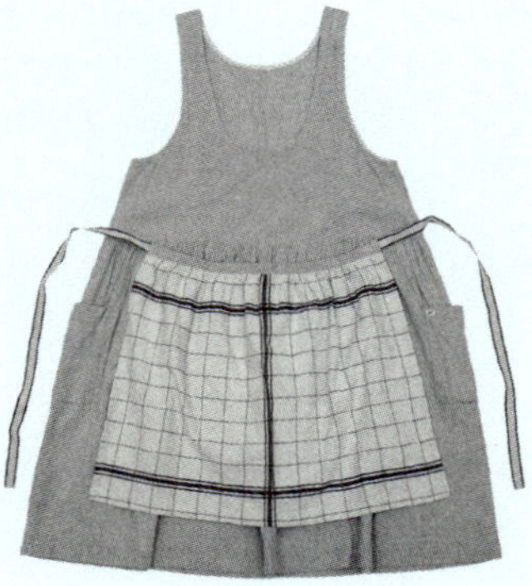

에이프런 원피스

Apron onepiece mom

02

⁂ 실물 패턴

패턴지 B 앞면

⁂ 완성 사이즈

옷 길이 102, 가슴둘레 96cm

⁂ 원단 필요량

150cm 폭 린넨 또는 코튼 2마, 체크 린넨

⁂ 부자재

2cm 폭 테이프 120cm

⁂ 재단 배치도

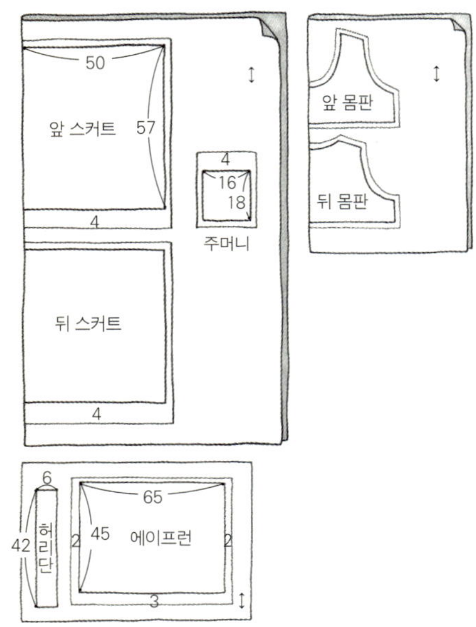

⁂ 재단 방법

- 앞 몸판 1장, 뒤 몸판 1장, 앞 스커트 1장, 뒤 스커트 1장, 주머니 2장, 에이프런 1장, 에이프런 허리단 1장을표시된 수치대로 시접을 두고 재단한다.
- 표시하지 않은 곳은 모두 시접 1cm로 재단한다.
- 실물 패턴에 포함되지 않은 앞, 뒤 스커트와 주머니, 에이프런과 허리단은 다음의 크기로 직선 재단한다.

  스커트: 100×57cm

  주머니: 16×18cm

  에이프런: 65×45cm

  허리단: 6×42cm(시접 없음)

⁂ 작업 순서

5

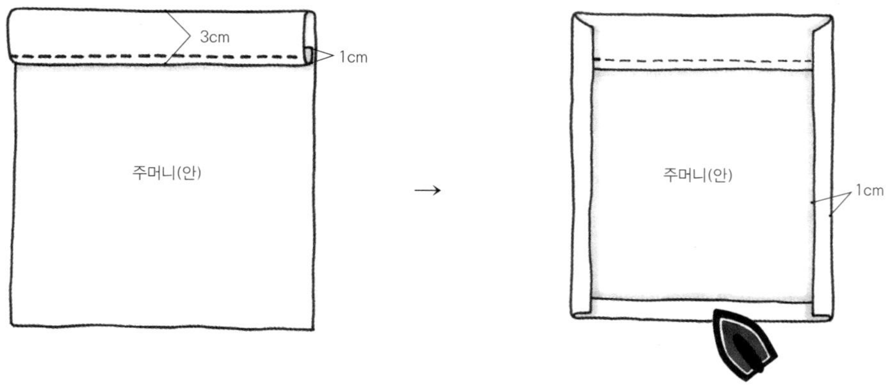

6

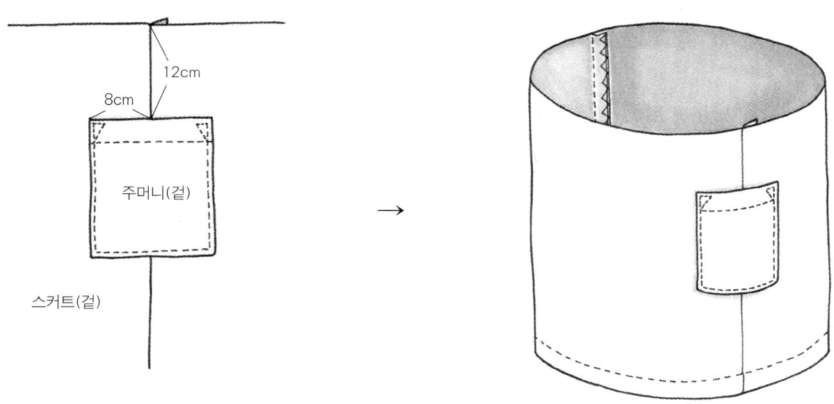

✿ 만드는 방법

만드는 방법은 에이프런 원피스 kids와 동일하다.
다만 에이프런을 고정하지 않고 따로 만들어
허리에 두를 수 있게 하였다.
mom 원피스에는 kids 원피스와 달리 양옆에
주머니가 달려 있다.

✿ 주머니 다는 방법

5. 주머니 입구를 1cm, 3cm로 두 번 접어 다린 후 박아 주고 나머지 세 면의 시접도 1cm씩 접어 다린다.
6. 주머니를 스커트 옆선에 맞춰 박아 주고 입구 부분은 세모 모양으로 박아서 튼튼하게 한다.

I

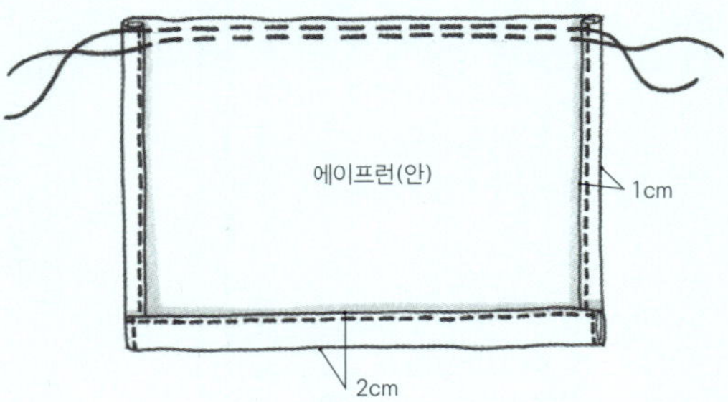

2

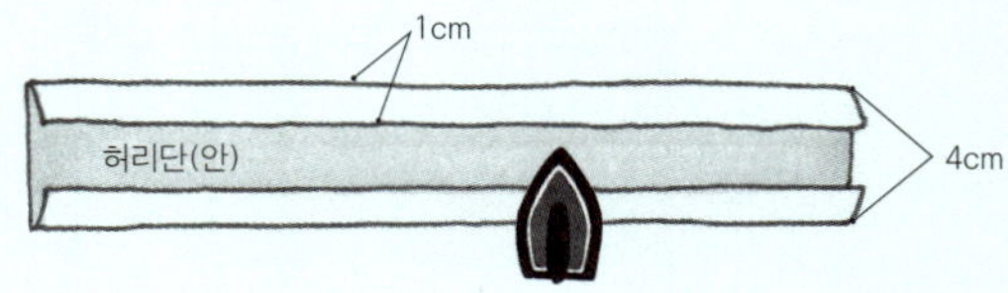

3

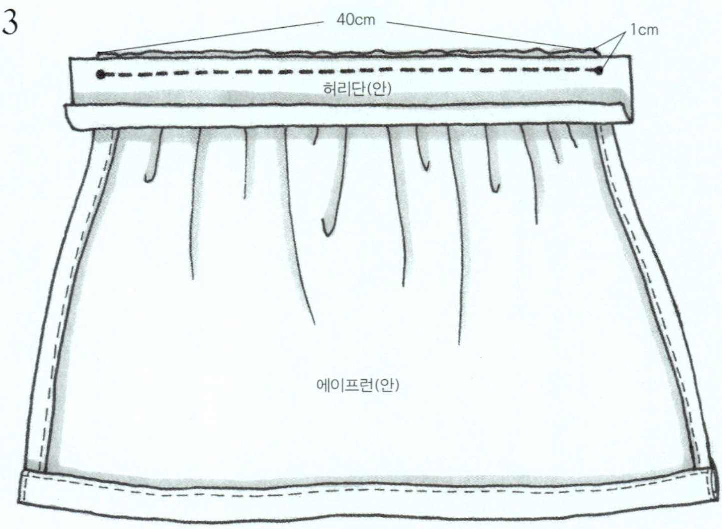

❖ 에이프런 만드는 방법

I. 에이프런의 양옆 시접을 1cm로 두 번씩 접어 박고 아래 시접은 1cm, 2cm로 두 번 접어 박는다. 윗부분에 홈질을 두 줄 한 후 잡아당겨 주름을 잡는다.

2. 허리단 위아래를 1cm씩 접어 다린다.

3. 에이프런 안쪽에 허리단 겉을 맞댄 후 박는다.

4

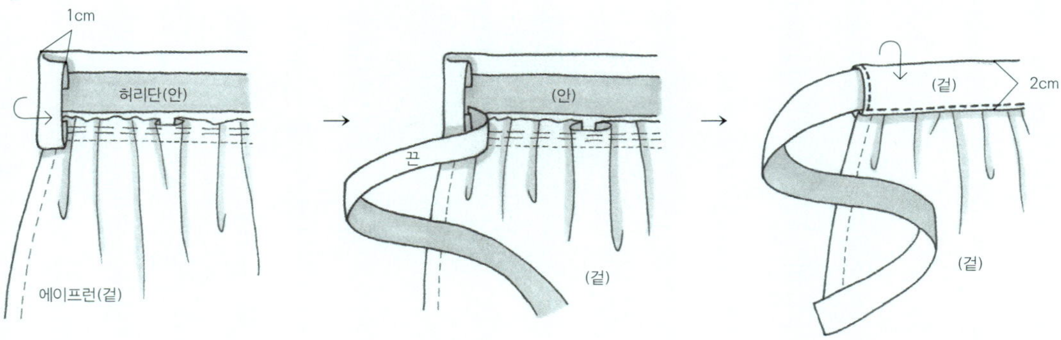

5

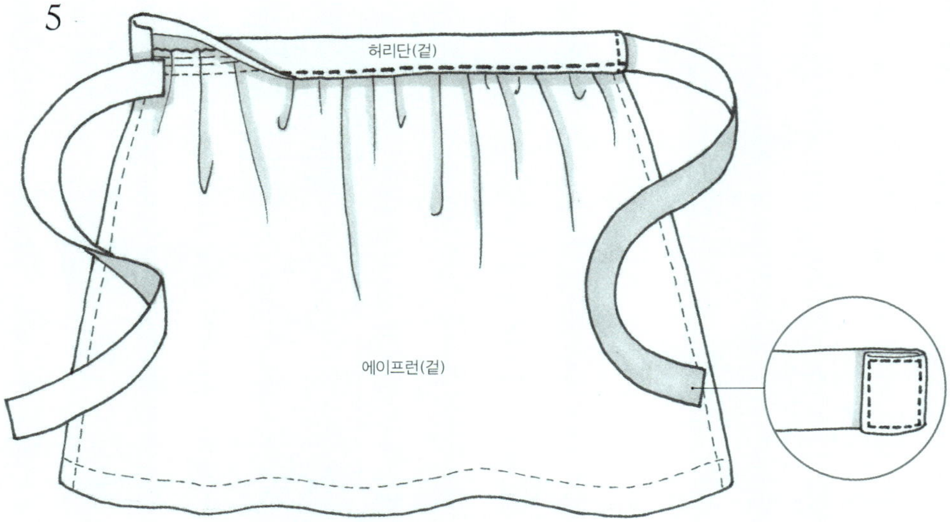

4. 허리단을 겉으로 넘긴 후 양쪽 끝에 60cm로 자른 끈 테이프를 끼워 넣고 함께 박는다.
5. 허리끈 끝을 두 번 접어 박는다.

styling cut p.14

스칼럽 원피스

Scallop onepiece mom

03

✣ 실물 패턴
패턴지 C 뒷면

✣ 완성 사이즈
옷 길이 80, 가슴둘레 118cm

✣ 원단 필요량
스칼럽 린넨 2마

✣ 재단 배치도

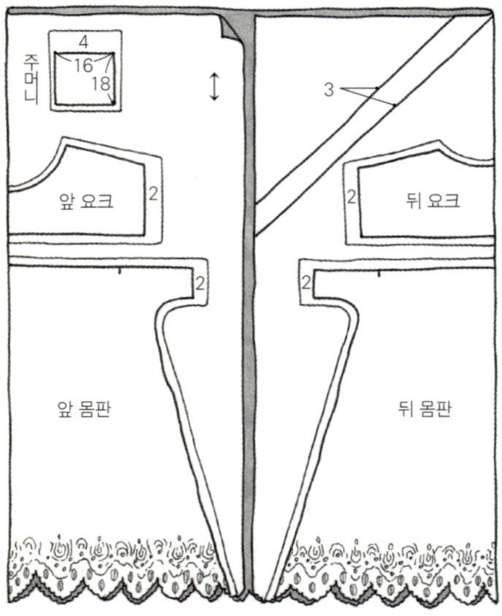

✣ 재단 방법

- 앞 몸판 1장, 뒤 몸판 1장, 앞 요크 1장, 뒤 요크 1장, 주머니 2장, 목둘레 바이어스를 재단 배치도에 표시된 수치대로 시접을 두고 재단한다.
- 표시하지 않은 곳은 모두 시접 1cm로 재단한다.
- 실물 패턴에 포함되지 않은 주머니는 16×18cm로 직선 재단한다.

✣ 작업 순서

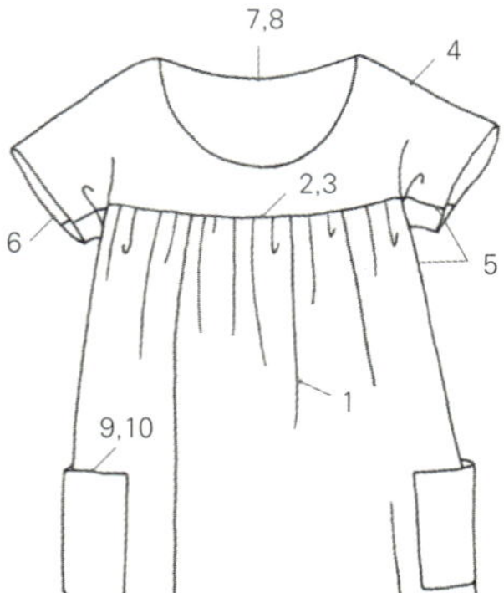

1

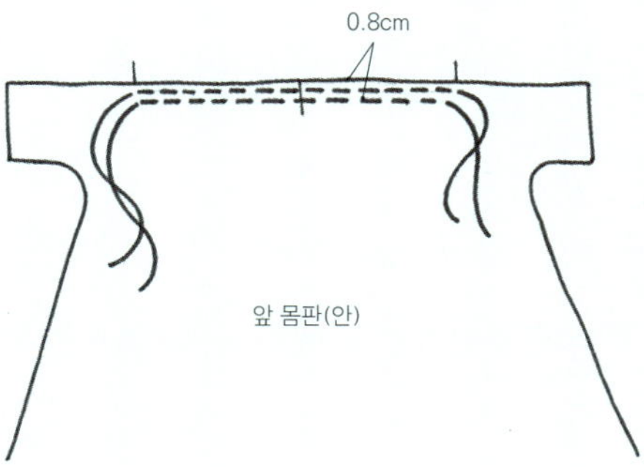

2

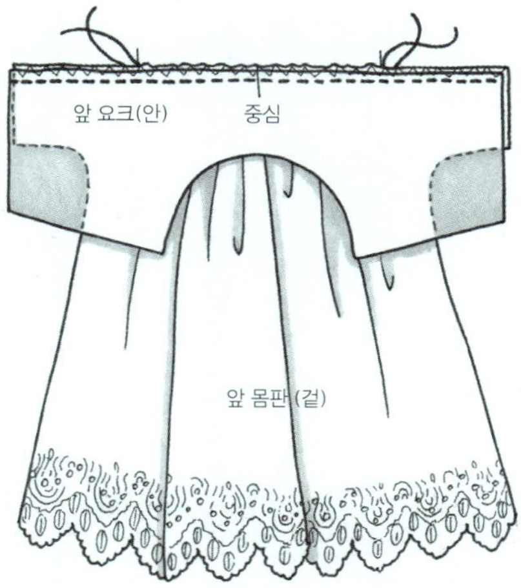

3

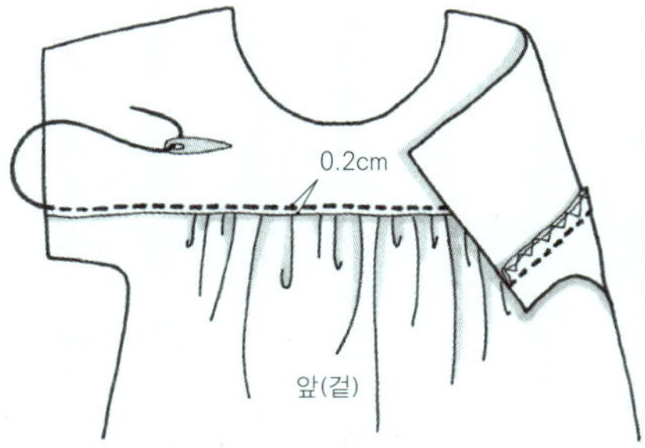

4

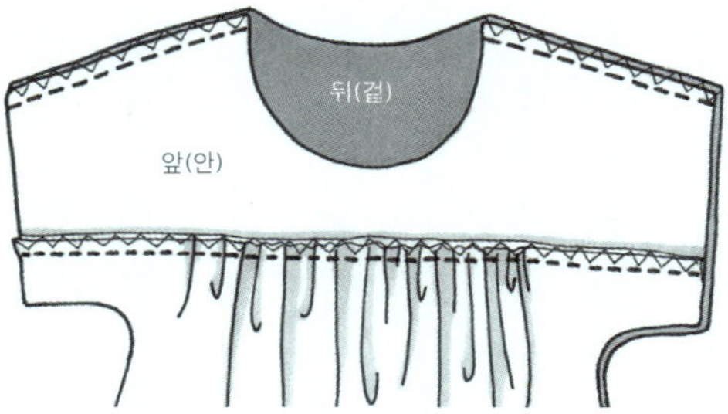

❖ 만드는 방법

1. 앞 몸판과 뒤 몸판의 주름 위치에 주름을 잡는다.
2. 앞 요크와 앞 몸판을 겉끼리 맞대고 중심과 주름 위치를 맞춰 시침핀으로 고정한 후 주름을 골고루 배분해서 박는다. 뒤 요크와 뒤 몸판도 같은 방법으로 연결하고 시접 2장을 함께 오버로크한다.
3. 시접을 위로 꺾어 다린 후 자수실을 이용하여 0.2cm로 상침한다.
4. 앞, 뒤를 겉끼리 마주보게 놓고 어깨를 박은 후 시접 2장을 함께 오버로크해서 뒤로 보낸다.

5

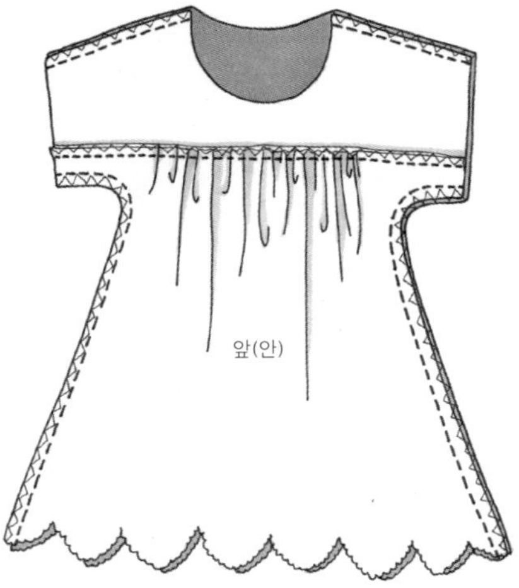

6

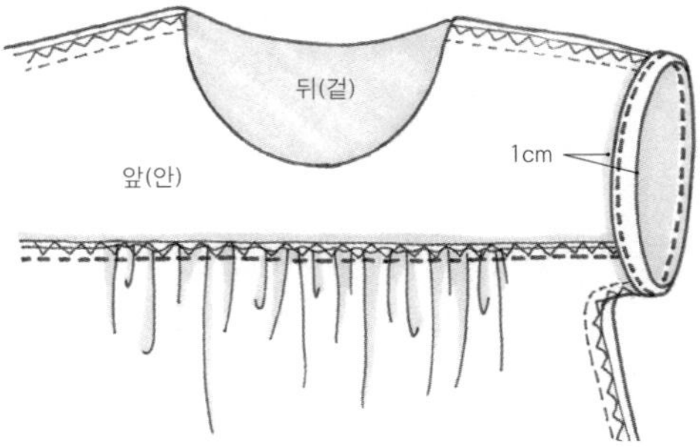

7

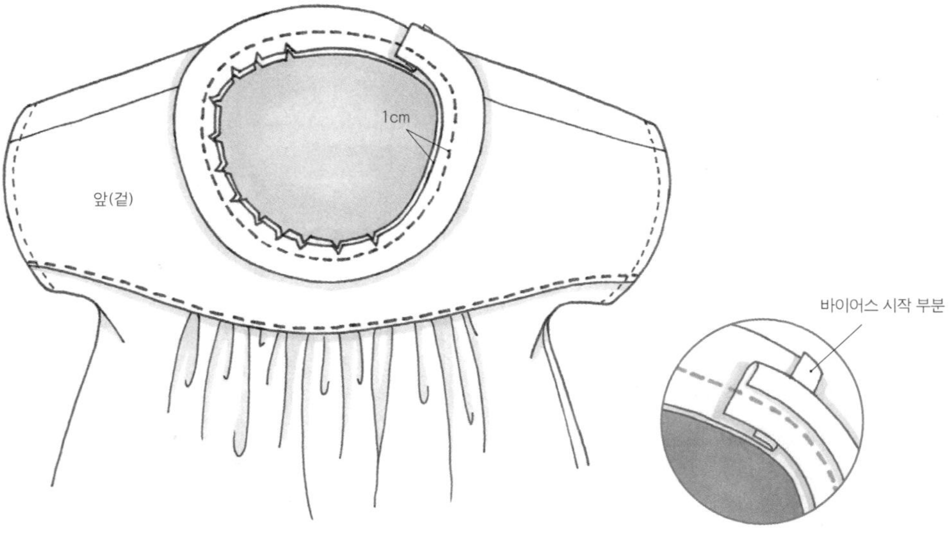

5. 몸판 옆선을 박은 후 시접 2장을 함께 오버로크해서 뒤로 보낸다.
6. 소매 시접을 1cm로 두 번씩 접어 다리고 박아 준다.
7. 몸판 겉쪽의 목둘레에 폭 3cm의 바이어스를 겉끼리 맞댄 후 1cm로 박아 준다. 바이어스 시작 부분을 살짝 접고 시작해서 나중에 끝부분의 시접과 겹쳐지게 한다.

8

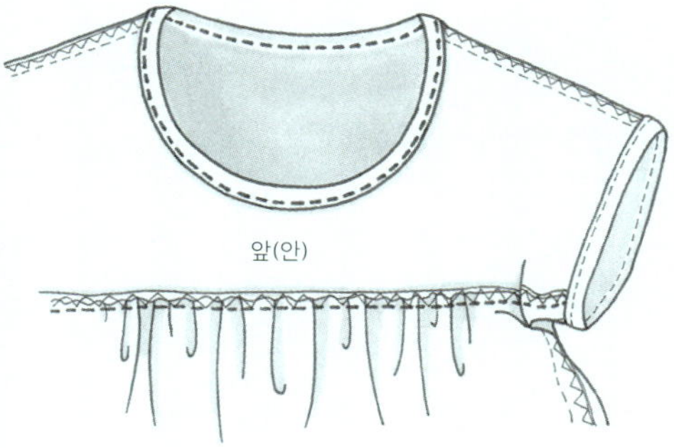

8. 목둘레의 시접에 가위집을 넣고 바이어스로 시접을 감싸 안쪽으로 꺾어 다린 후 바이어스를 따라 박는다.
9. 주머니 위쪽 시접을 1cm, 3cm로 두 번 접어 다린 후 박는다. 나머지 세 면은 1cm씩 접어 다린다.
10. 몸판 옆선의 주머니 위치에 맞춰 주머니를 박는다. 입구 부분은 튼튼하게 박아야 한다.

9

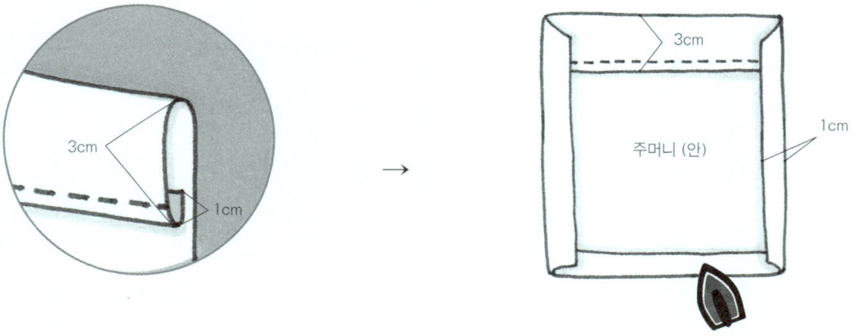

10

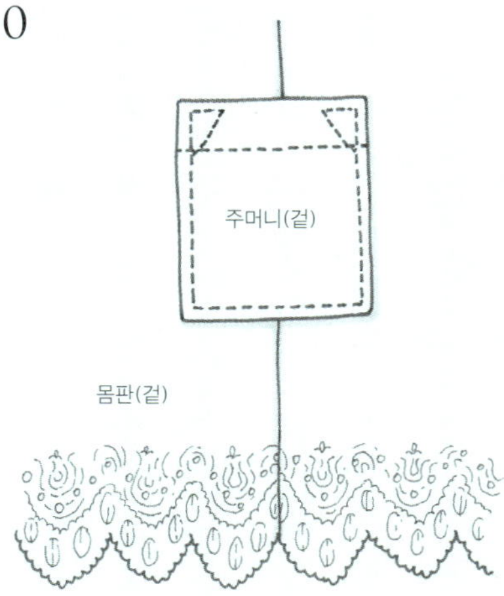

styling cut p.16

V넥 원피스

V-neckline onepiece mom

04

✣ 실물 패턴

패턴지 B 앞면

✣ 완성 사이즈

옷 길이 93, 가슴둘레 94cm

✣ 원단 필요량

150cm 폭 린넨 1.5마

✣ 부자재

바이어스, 접착심지

✣ 재단 배치도

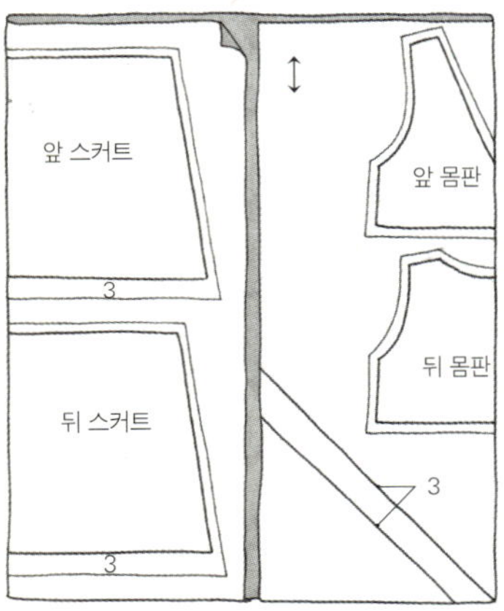

✣ 재단 방법

- 앞 몸판 1장, 뒤 몸판 1장, 앞 스커트 1장, 뒤 스커트 1장, 앞 안단, 뒤 안단, 바이어스를 재단 배치도에 표시된 수치대로 시접을 두고 재단한다.
- 표시하지 않은 곳은 모두 시접 1cm로 재단한다.
- ▬ 는 접착심지를 붙이는 부분이다.

✣ 작업 순서

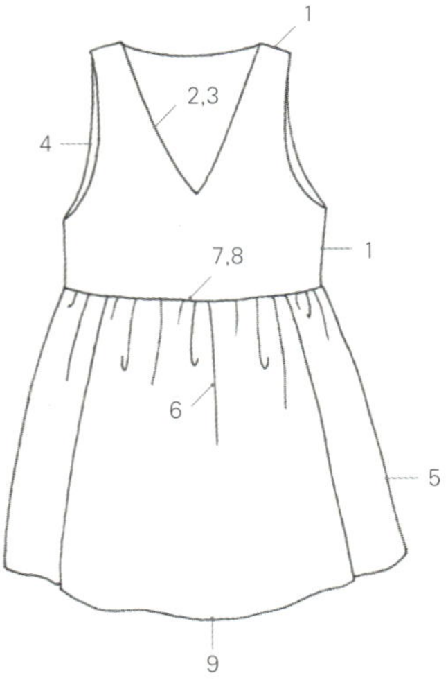

1

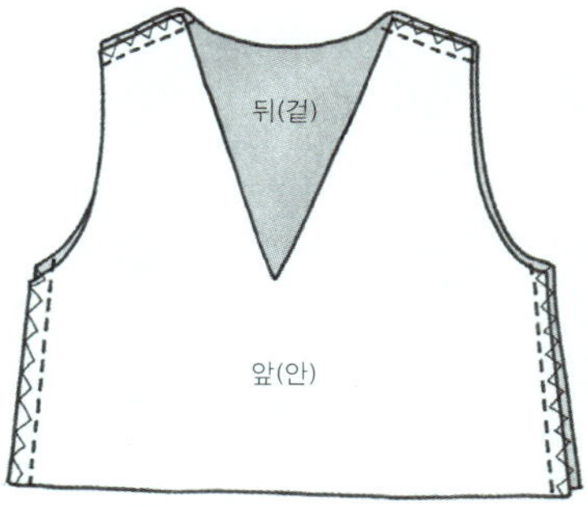

✤ 만드는 방법

1. 앞 몸판과 뒤 몸판을 겉끼리 맞대고 어깨선과 옆선을 박은 후 시접 2장을 함께 오버로크해서 뒤쪽으로 보낸다.
2. 앞 안단과 뒤 안단의 안쪽에 접착심지를 붙이고 시접을 접어 다린 후 겉끼리 맞대고 어깨선을 박는다. 시접은 양쪽으로 갈라서 다림질한다.
3. 몸판 겉쪽에 안단을 겉끼리 맞대어 박은 후 뒷목둘레와 V 부분의 시접에 가위집을 넣는다. 안단으로 시접을 감싸 몸판 안쪽으로 꺾어 다린 후 박아 준다.

2

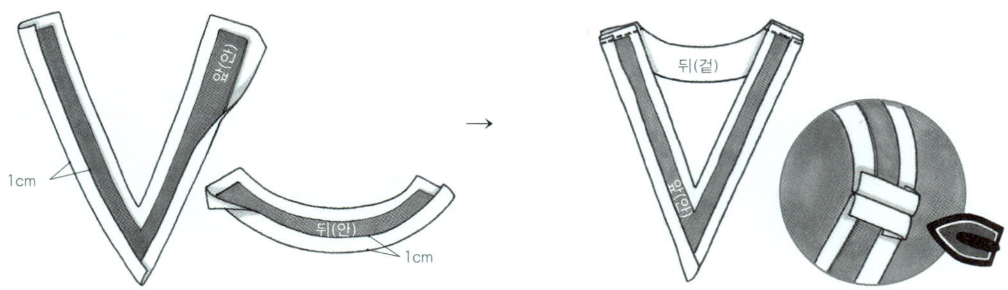

3

4

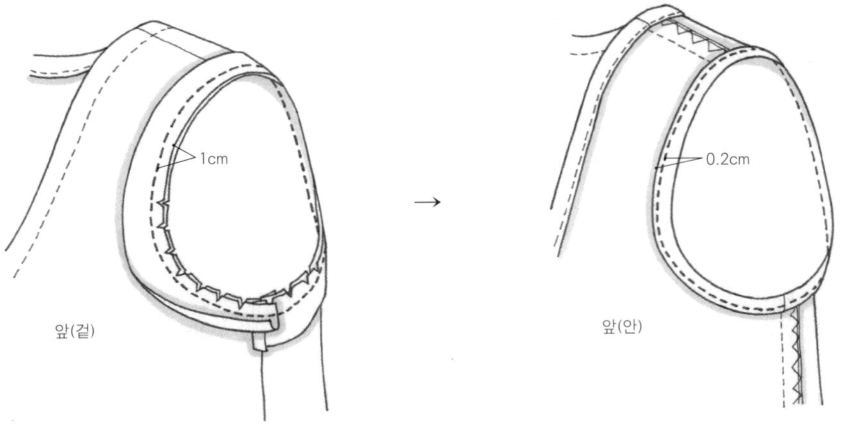

5

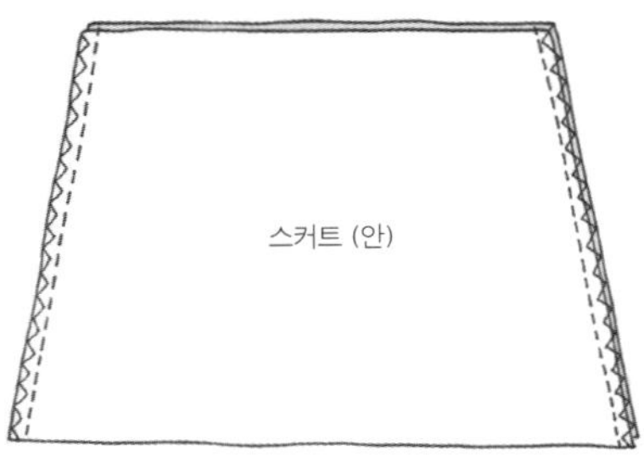

6

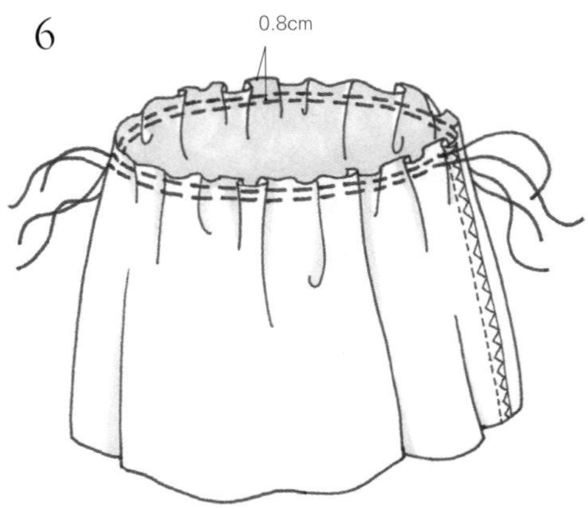

4. 몸판 겉쪽의 소매 둘레를 따라 바이어스를 겉끼리 맞댄 후 박아 주고 시접에 가위집을 촘촘히 넣는다. 바이어스로 시접을 감싸 안으로 꺾어 다린 후 박는다.
5. 앞 스커트와 뒤 스커트를 겉끼리 맞대어 옆선을 박은 후 시접 2장을 함께 오버로크해서 뒤쪽으로 보낸다
6. 스커트 윗부분에 홈질을 두 줄 한 후 잡아당겨 주름을 잡는다.

7

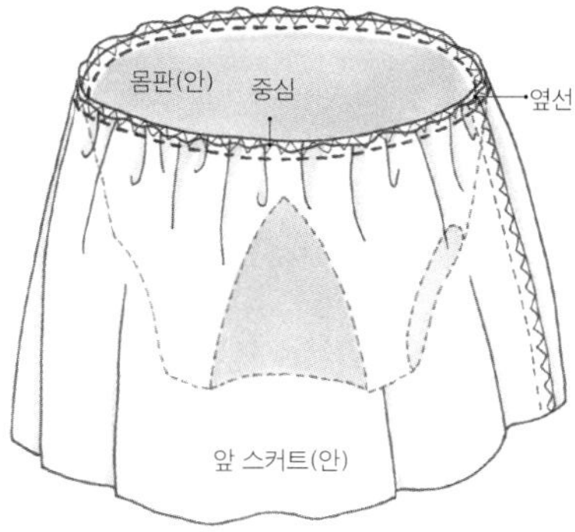

8

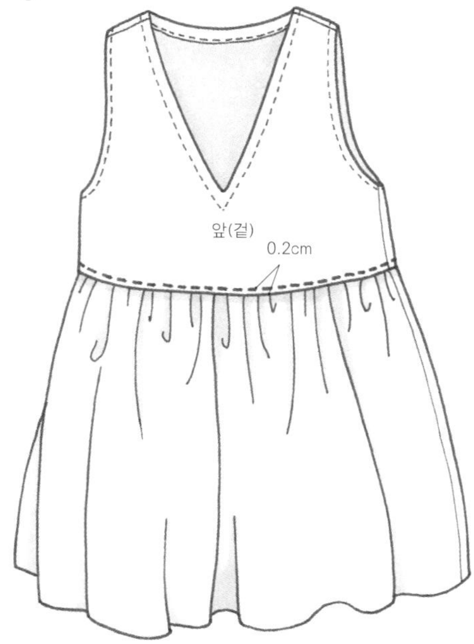

9

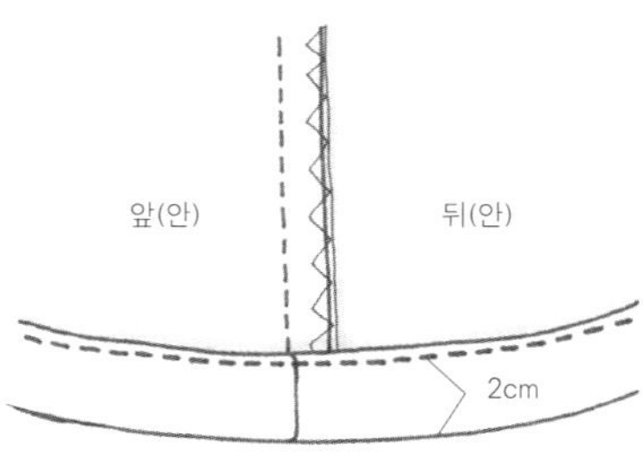

7. 몸판과 스커트를 겉끼리 맞대고 중심과 옆선을 기준으로 주름을 골고루 배분해서 박은 후 시접 2장을 함께 오버로크한다.
8. 시접을 위쪽으로 향하게 다린 후 겉에서 0.2cm로 상침한다.
9. 스커트 밑단을 1cm, 2cm로 두 번 접어 다린 후 박는다.

styling cut p.18

랩 스타일 롱 원피스

Wrap style long onepiece mom

05

✣ 실물 패턴

패턴지 B 앞면

✣ 완성 사이즈

옷 길이 110, 가슴둘레 92, 소매 길이 43cm

✣ 원단 필요량

150cm 폭 린넨 2마

✣ 재단 배치도

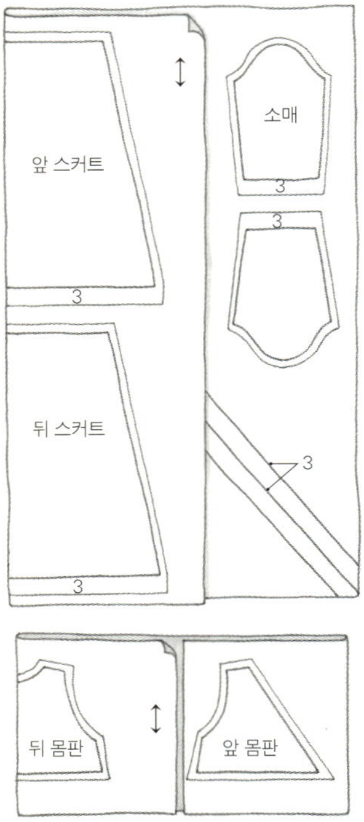

✣ 재단 방법

- 앞 몸판 2장, 뒤 몸판 1장, 앞 스커트 1장, 뒤 스커트 1장, 소매 2장, 목둘레 바이어스를 재단 배치도에 표시된 수치대로 시접을 두고 재단한다.
- 표시하지 않은 곳은 모두 시접 1cm로 재단한다.

✣ 작업 순서

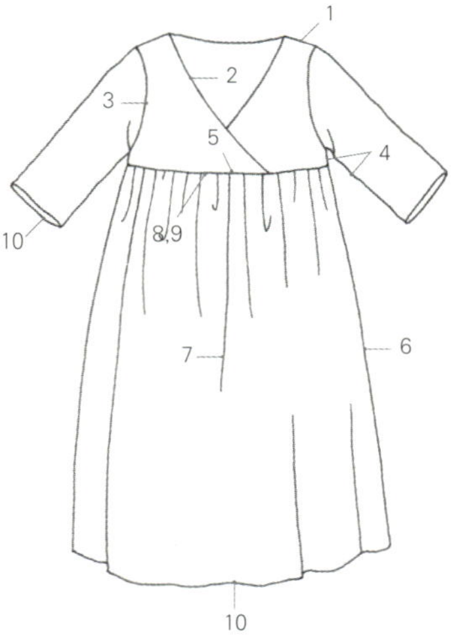

I

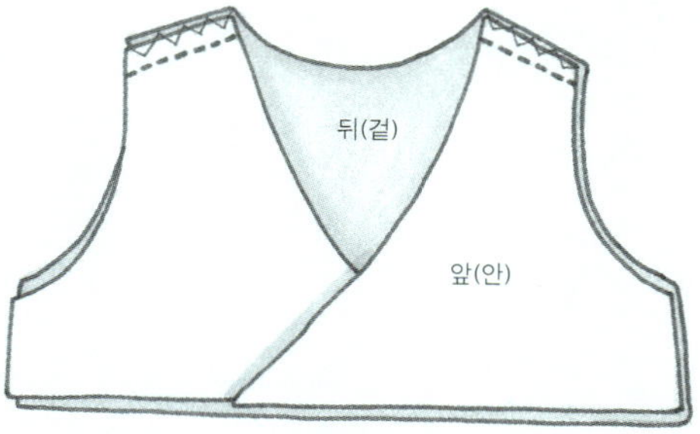

✤ 만드는 방법

1. 앞 몸판과 뒤 몸판을 겉끼리 맞대고 어깨선을 박는다. 시접 2장을 함께 오버로크하고 뒤쪽으로 보내 다려 준다.
2. 몸판 겉쪽의 목둘레에 바이어스를 겉끼리 맞대어 박은 후 곡선 부분에 가위집을 넣는다. 시접을 바이어스로 감싸 안쪽으로 꺾어 다린 후 박는다.
3. 몸판과 소매를 겉끼리 맞대어 박은 후 시접 2장을 함께 오버로크해서 몸판 쪽으로 보낸다.

2

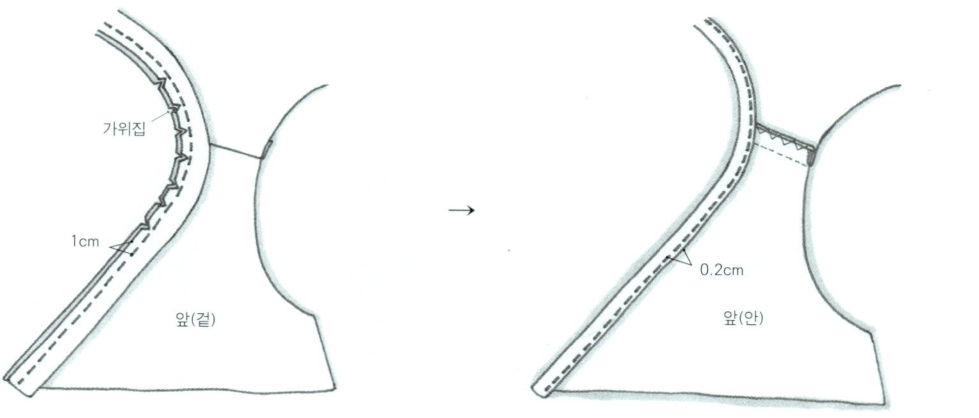

3

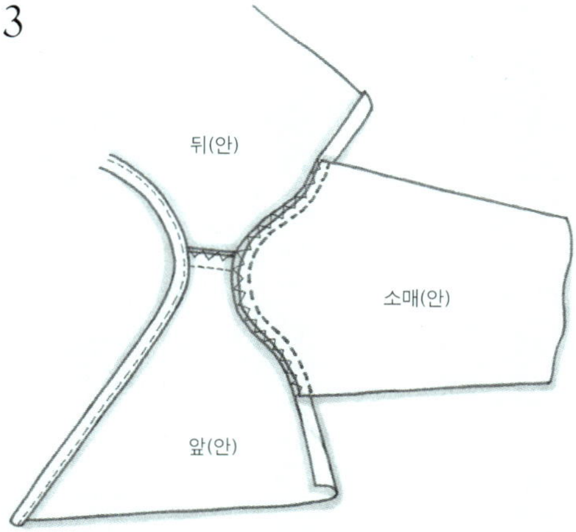

4

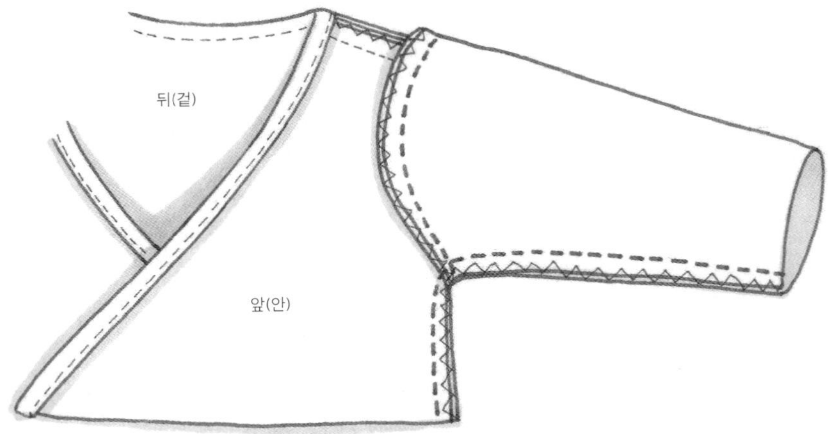

5

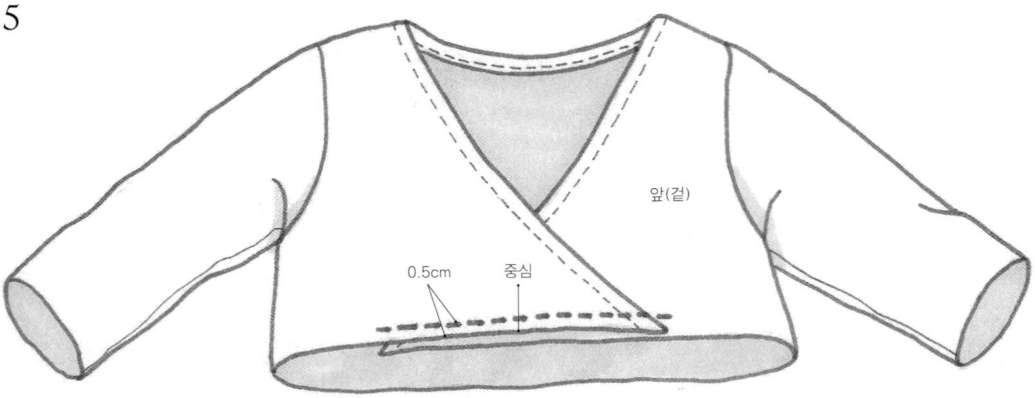

4. 소매와 몸판의 옆선을 박은 후 시접 2장을 함께 오버로크해서 뒤쪽으로 보낸다.
5. 앞 몸판 2장의 중심을 맞춰 고정하고 겹쳐지는 부분을 박는다.

6

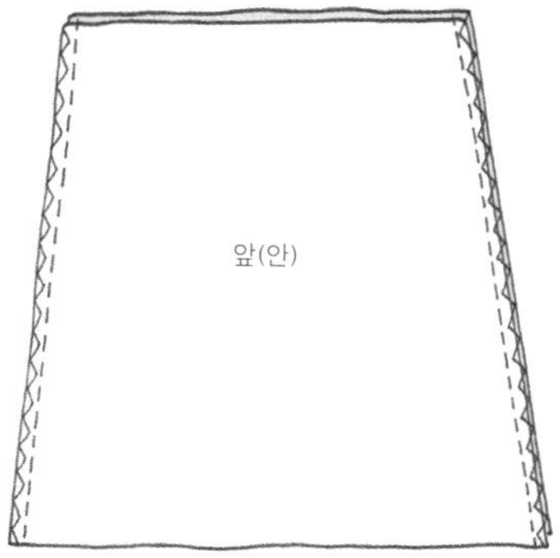

7

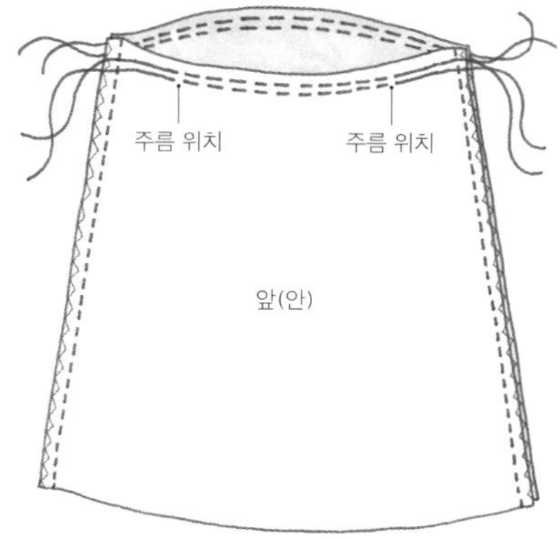

8

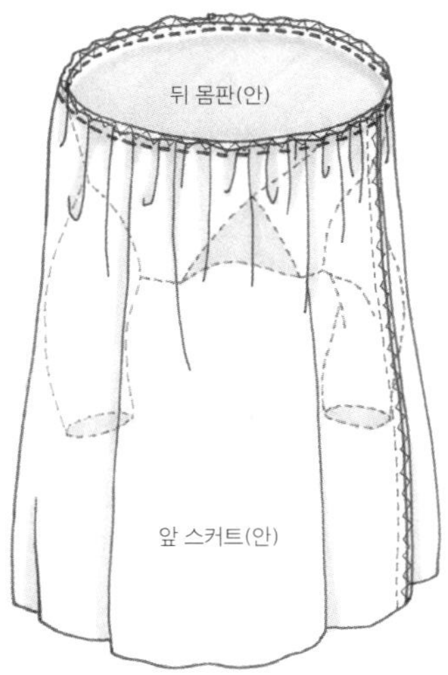

9

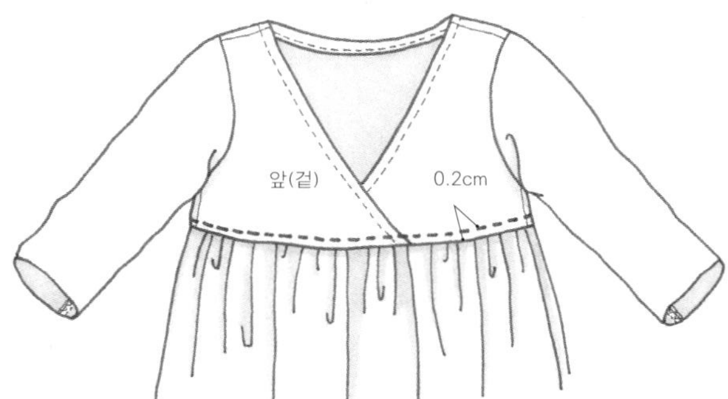

10

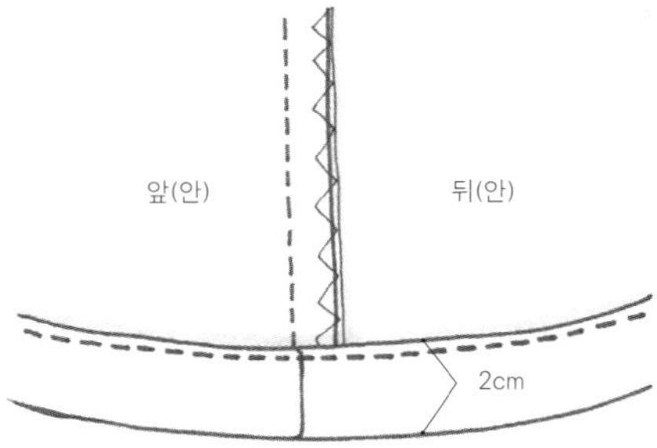

6. 앞, 뒤 스커트를 겉끼리 맞대고 옆선을 박은 후 시접 2장을 함께 오버로크해서 뒤쪽으로 보낸다.
7. 스커트 윗부분의 주름 위치에 맞게 홈질을 두 줄 한 후 잡아당겨 주름을 잡는다.
8. 몸판과 스커트를 겉끼리 맞댄 후 주름을 골고루 배분해서 박고 시접 2장을 함께 오버로크한다.
9. 시접을 위쪽으로 향하게 다린 후 겉에서 상침한다.
10. 소매와 스커트 밑단 시접을 1cm, 2cm로 두 번 접어 다린 후 박는다.

styling cut p.20

프릴 카라 원피스

Frill collar onepiece mom

06

✤ 작업 순서

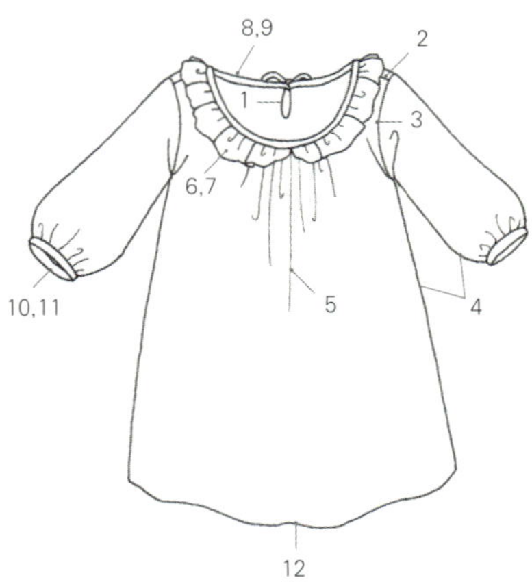

✤ 실물 패턴

패턴지 B 앞면

✤ 완성 사이즈

옷 길이 84, 가슴둘레 103, 소매 길이 40cm

✤ 원단 필요량

150cm 폭 코튼 또는 면실크 2마

✤ 부자재

접착심지

✤ 재단 배치도

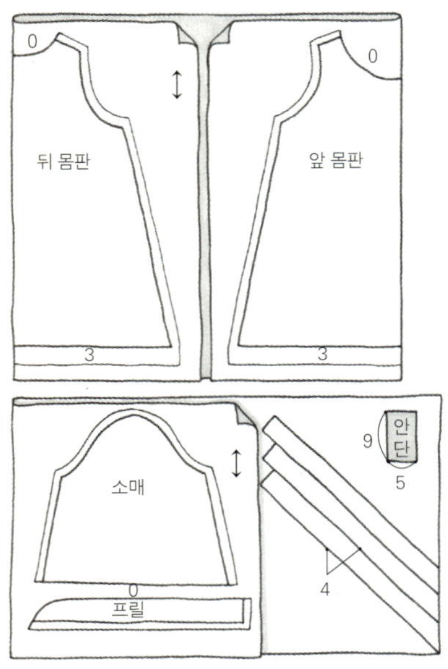

✤ 재단 방법

- 앞 몸판 1장, 뒤 몸판 1장, 소매 2장, 프릴 2장, 안단, 목둘레와 소매 바이어스를 재단 배치도에 표시된 수치대로 시접을 두고 재단한다.
- 표시하지 않은 곳은 모두 시접 1cm로 재단한다.
- ▬ 는 접착심지를 붙이는 부분이다.
- 실물 패턴에 포함되지 않은 안단은 5×9cm(시접 없음)로 직선 재단한다.

I

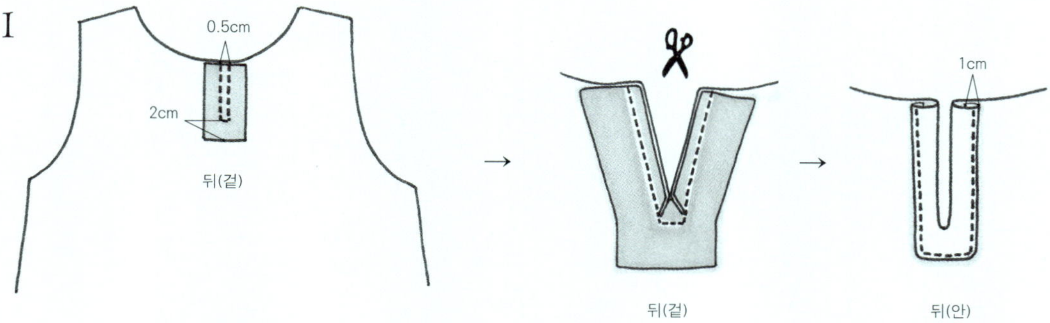

2

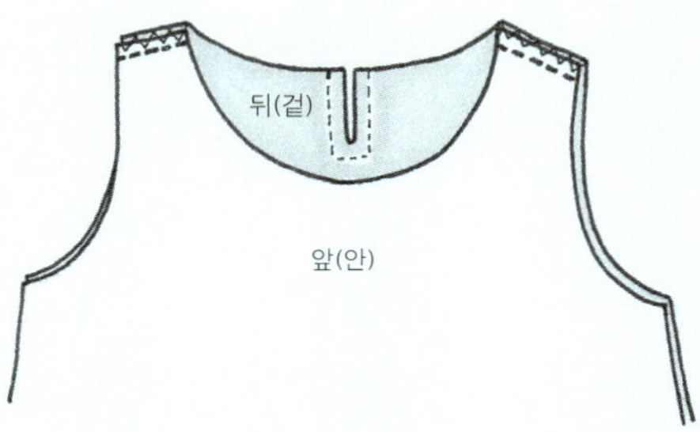

3

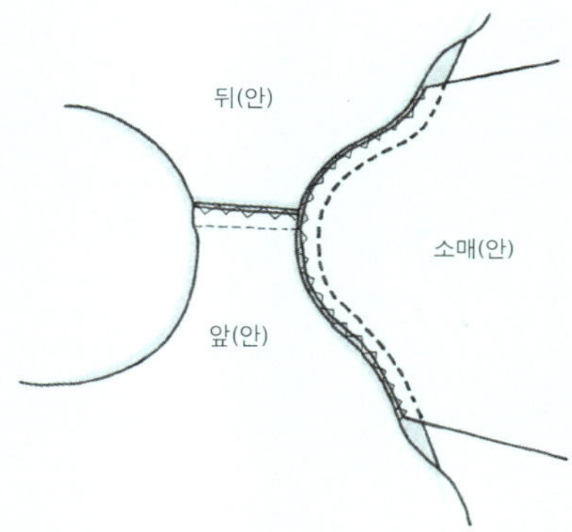

4

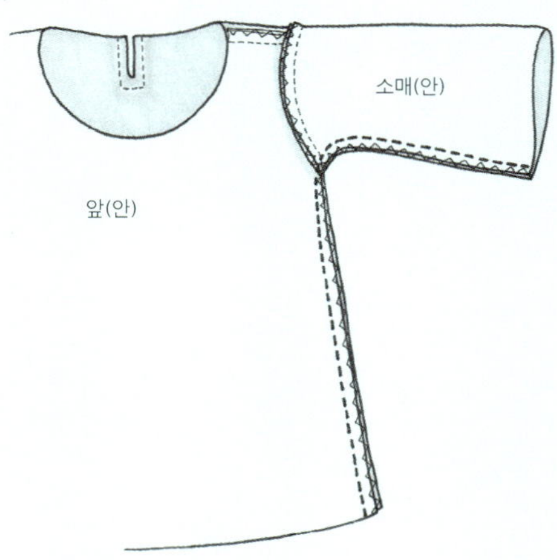

✤ 만드는 방법

1. 접착심지를 붙인 안단을 뒤 몸판의 겉에 중심선을 일치시켜 맞댄 후 중심선 둘레를 박는다. 중심선을 조심스럽게 자르고 안단을 안쪽으로 넘겨 다린 후 안단의 시접을 1cm씩 안으로 접어 넣어 박아 준다.
2. 앞 몸판과 뒤 몸판을 겉끼리 맞대어 어깨선을 박은 후 시접 2장을 함께 오버로크해서 뒤쪽으로 보낸다.
3. 몸판과 소매를 겉끼리 맞대어 박은 후 시접 2장을 함께 오버로크해서 몸판 쪽으로 보낸다.
4. 소매와 몸판의 옆선을 박은 후 시접 2장을 함께 오버로크해서 뒤쪽으로 보낸다.

5

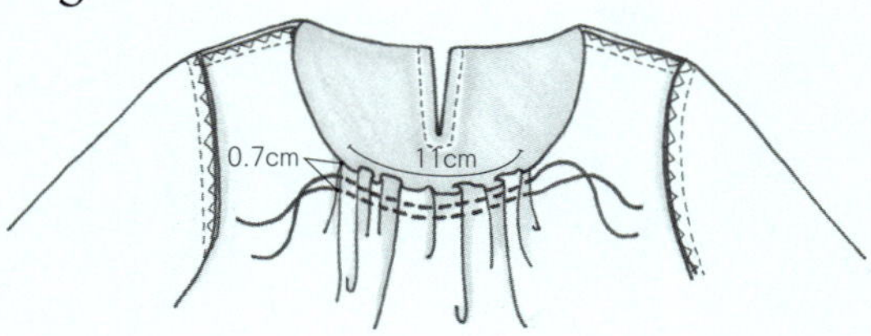

6

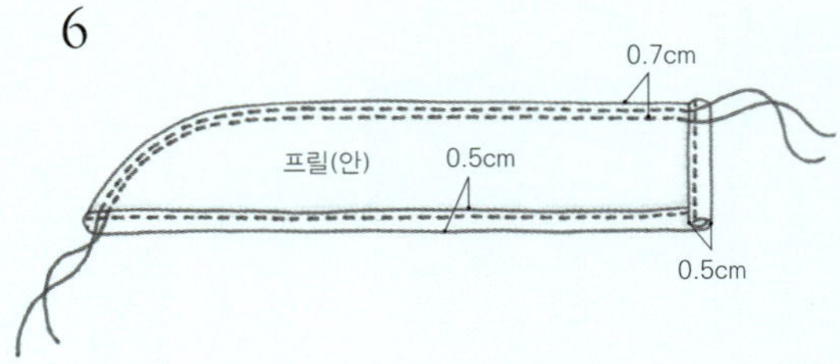

7

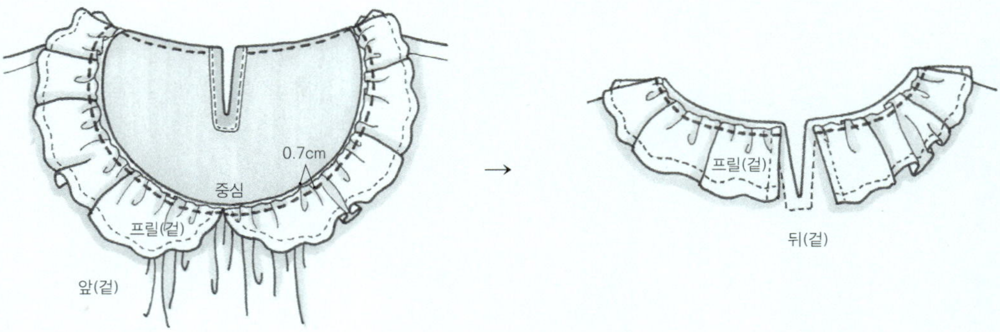

8

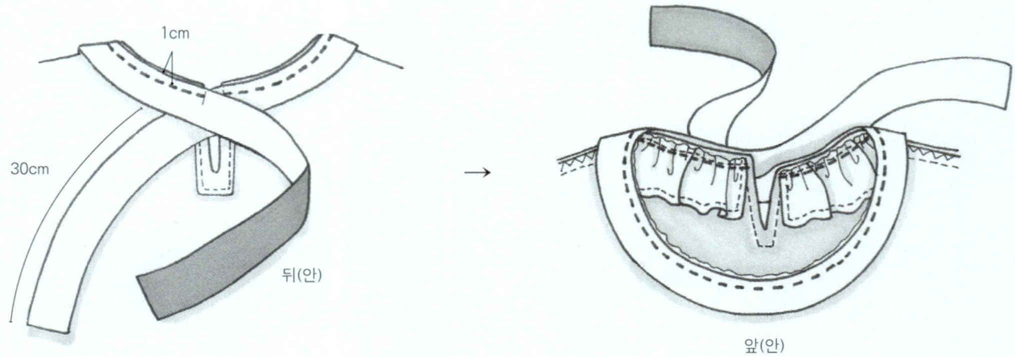

5. 앞 몸판 중심의 주름 위치에 주름을 잡아 11cm로 만든다.
6. 프릴의 직선 부분 시접을 0.5cm씩 두 번 접어 다린 후 박는다. 곡선 부분에는 주름을 잡아 준다.
7. 몸판 겉쪽의 목둘레에 프릴의 주름 부분이 맞닿게 올려놓고 앞 중심선을 기준으로 양쪽을 박아 준다.
8. 몸판 안쪽의 목둘레에 폭 4cm의 바이어스를 두르고 시작과 끝을 30cm 남겨 박아 준다.

9

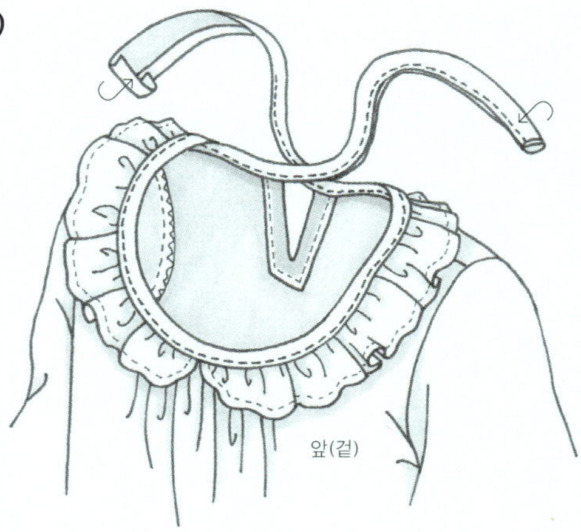

10

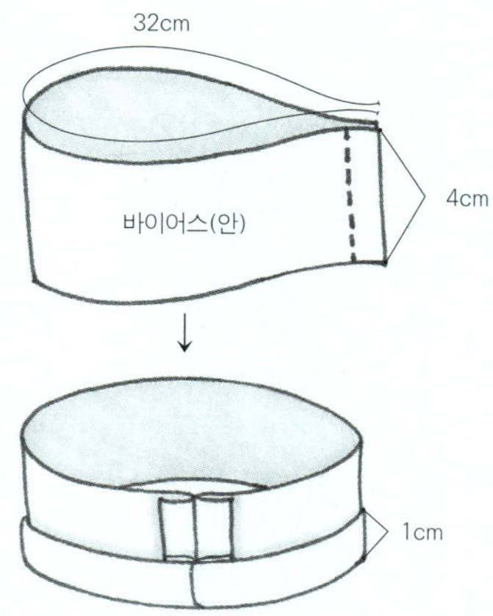

11

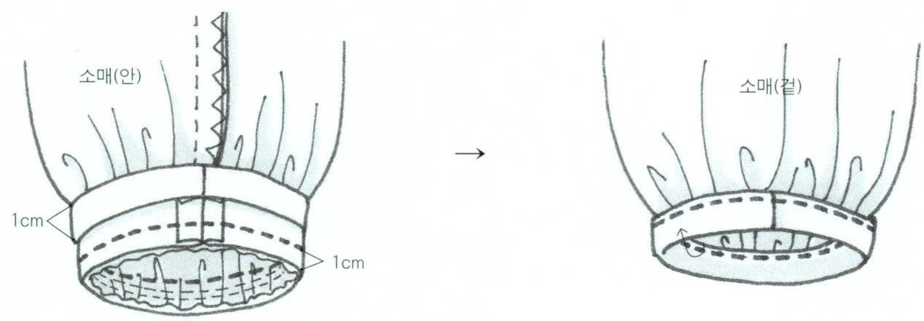

12

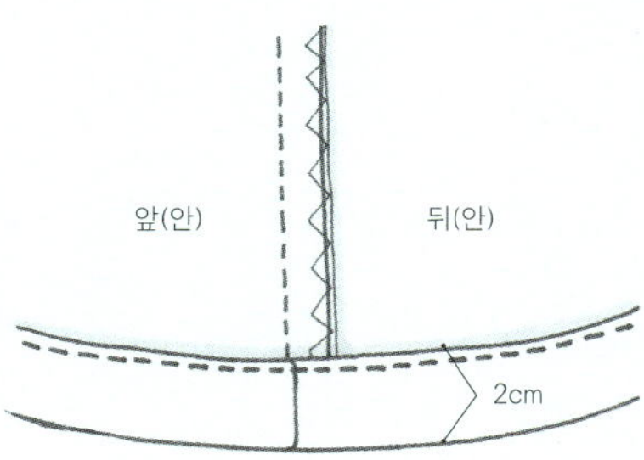

9. 바이어스로 시접을 감싸 겉쪽으로 넘긴 후 박아 준다. 바이어스 끝부분은 안으로 살짝 접어 넣고 다시 반으로 접어 마무리한다.

10. 폭 4cm, 길이 32cm로 재단한 바이어스를 반으로 접어 박고 시접을 양쪽으로 가른다. 한쪽 둘레를 따라 1cm로 접어 다려 준다.

11. 소매 끝에 주름을 잡은 후 소매 안쪽에 바이어스의 겉을 맞대어 1cm로 박는다. 바이어스로 시접을 감싸 겉으로 넘긴 후 박아 준다.

12. 스커트 밑단을 1cm, 2cm로 두 번 접어 다린 후 박는다.

styling cut p.22

캐미솔 원피스

Camisole onepiece mom

07

✣ 작업 순서

✣ 실물 패턴

패턴지 C 앞면

✣ 완성 사이즈

옷 길이 120, 가슴둘레 90cm

✣ 원단 필요량

150cm 폭 면아사 2마

✣ 부자재

배색 바이어스, 접착심지, 단추(13mm) 4개

✣ 재단 배치도

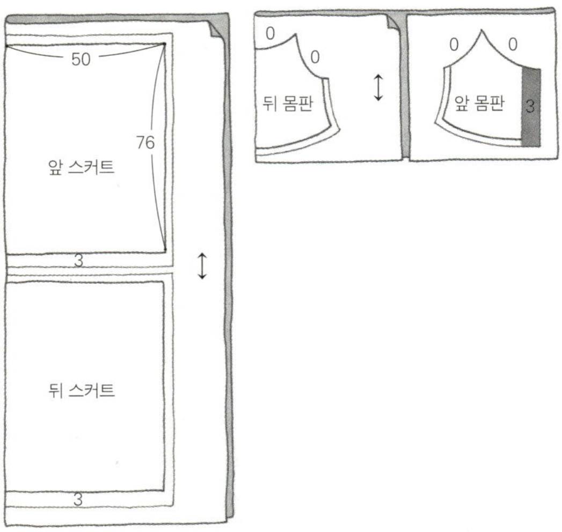

✣ 재단 방법

- 앞 몸판 2장, 뒤 몸판 1장, 앞 스커트 1장, 뒤 스커트 1장을 재단 배치도에 표시된 수치대로 시접을 두고 재단한다.
- 표시하지 않은 곳은 모두 시접 1cm로 재단한다.
- ▬ 는 접착심지를 붙이는 부분이다.
- 실물 패턴에 포함되지 않은 앞, 뒤 스커트는 다음의 크기로 직선 재단한다.
  스커트: 100×76cm

I

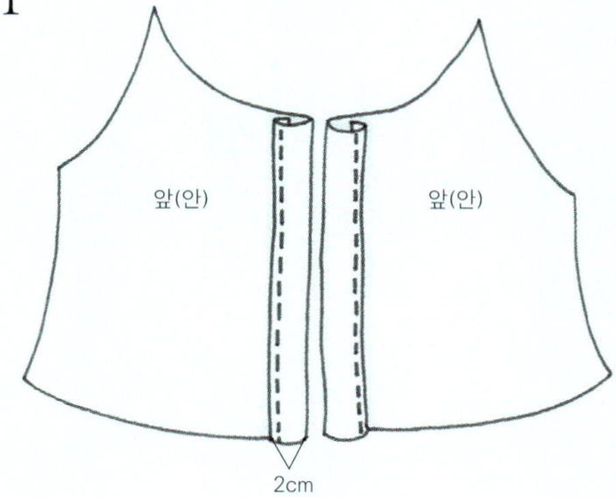

✣ 만드는 방법

1. 앞 몸판 중심의 시접에 접착심지를 붙이고 1cm, 2cm로 두 번씩 접어 박는다.
2. 앞 몸판 안쪽의 목선을 따라 바이어스를 박는다. 바이어스 끝부분을 접어 넣은 후 시접을 감싸면서 겉으로 넘겨 박는다.
3. 뒤 몸판도 안쪽의 목선에 바이어스를 둘러 박고 겉으로 넘겨 박아 준다.

2

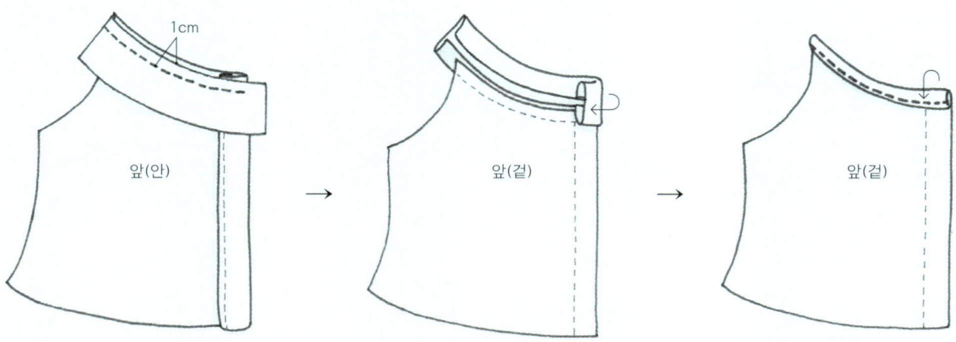

3

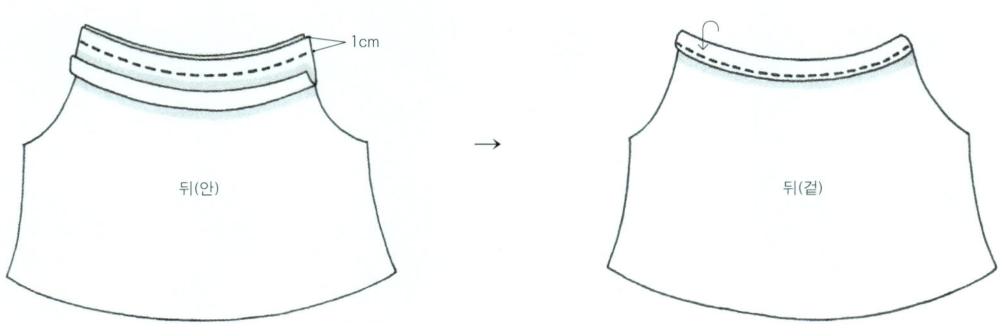

4

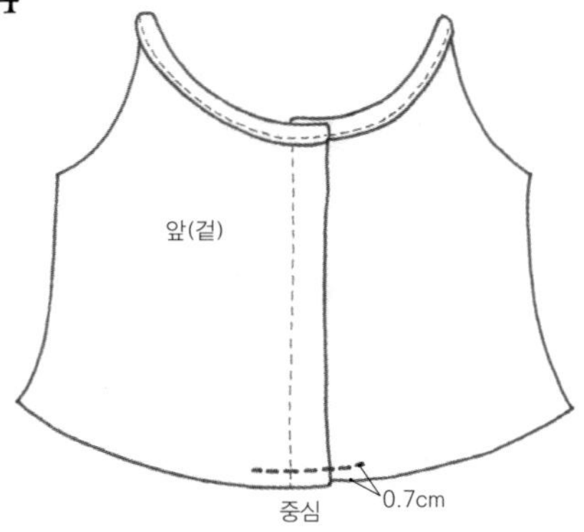

5

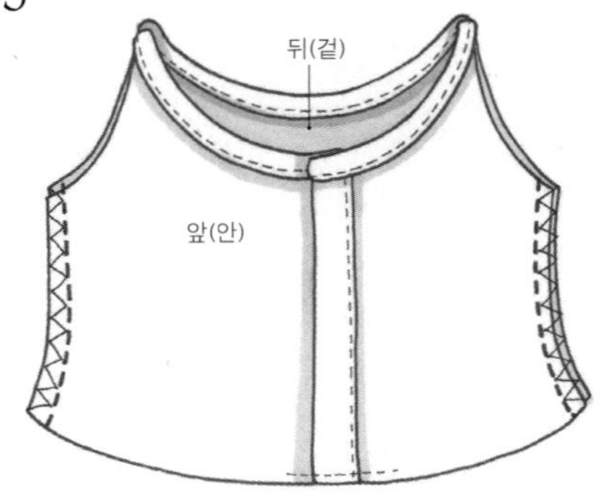

6

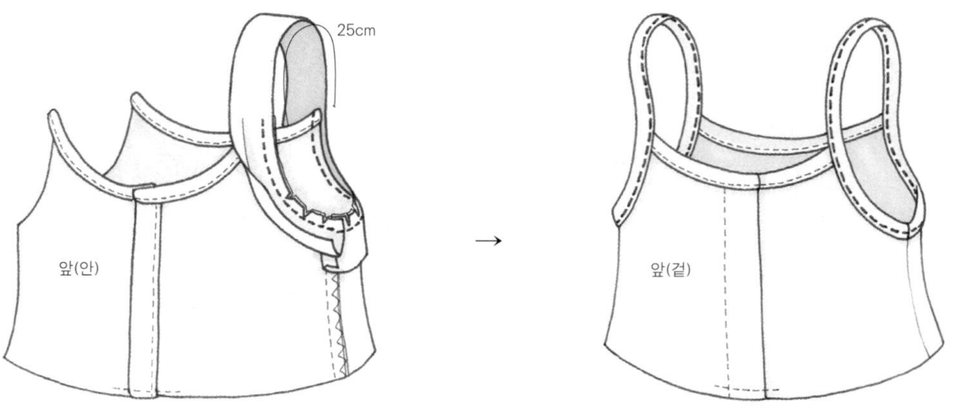

4. 앞 몸판 2장의 중심선을 일치시킨 후 시접 부분을 박는다.
5. 앞 몸판과 뒤 몸판을 겉끼리 맞대어 옆선을 박은 후 시접 2장을 함께 오버로크해서 뒤쪽으로 보낸다.
6. 몸판 안쪽에서 소매 진동선을 따라 바이어스를 둘러 박은 후 겉으로 넘겨 시접을 감싸 박는다. 어깨끈 길이는 25cm로 한다.

7

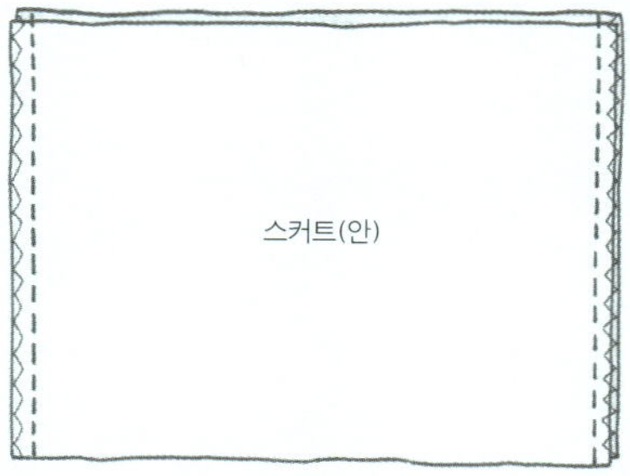

8

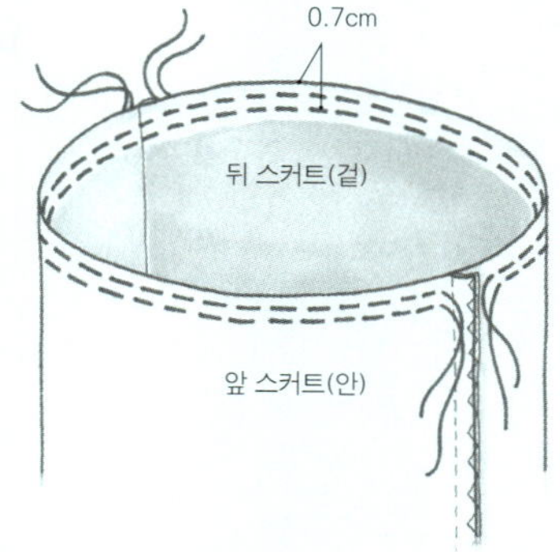

9

10

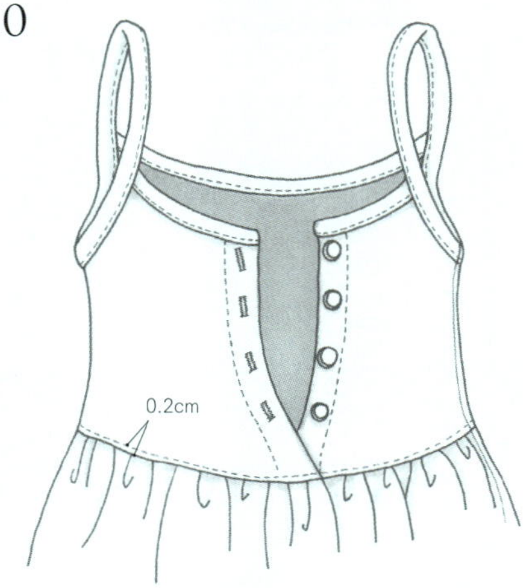

11

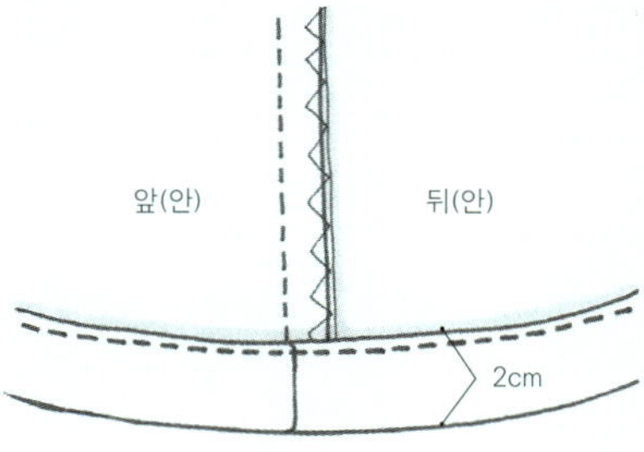

7. 앞 스커트와 뒤 스커트를 겉끼리 맞대고 옆선을 박은 후 시접 2장을 함께 오버로크해서 뒤쪽으로 보낸다.
8. 스커트 윗부분에 주름을 잡는다.
9. 몸판과 스커트를 겉끼리 맞대고 앞, 뒤 중심과 옆선 위치를 맞춘 후 주름을 골고루 나누어 박는다. 시접 2장을 함께 오버로크해서 위쪽으로 보낸다.
10. 허리선을 따라 상침한 후 앞 몸판 중심에 단추 구멍을 내고 단추를 달아 준다.
11. 스커트 밑단을 1cm, 2cm로 두 번 접어 박는다.

styling cut p.23

캐미솔 원피스

Camisole onepiece kids

08

✤ 작업 순서

✤ 실물 패턴

패턴지 A 앞면

✤ 완성 사이즈 (100사이즈 기준)

옷 길이 53, 가슴둘레 56cm

✤ 원단 필요량

150cm 폭 면아사 2마

✤ 부자재

배색 바이어스, 접착심지, 단추(13mm) 3개

✤ 재단 배치도

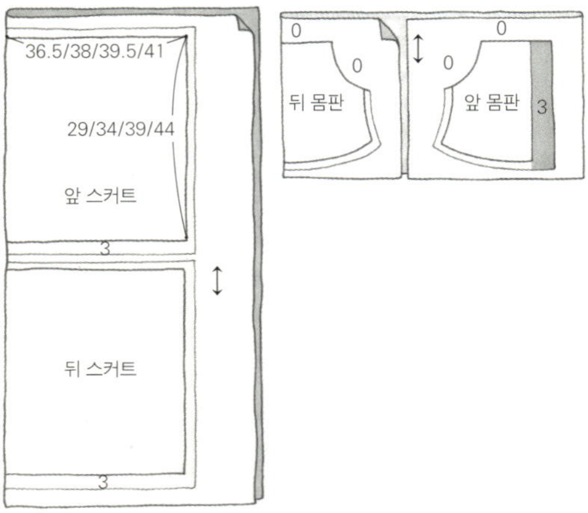

✤ 재단 방법

- 앞 몸판 2장, 뒤 몸판 1장, 앞 스커트 1장, 뒤 스커트 1장을 재단 배치도에 표시된 수치대로 시접을 두고 재단한다.
- 표시하지 않은 곳은 모두 시접 1cm로 재단한다.
- ■는 접착심지를 붙이는 부분이다.
- 실물 패턴에 포함되지 않은 앞, 뒤 스커트는 다음의 크기로 직선 재단한다.
  스커트: 73×29 / 76×34 / 79×39 / 82×44cm

6

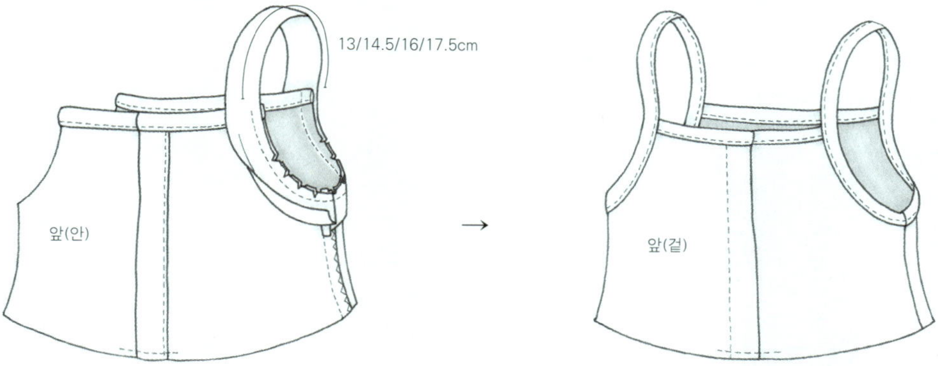

10

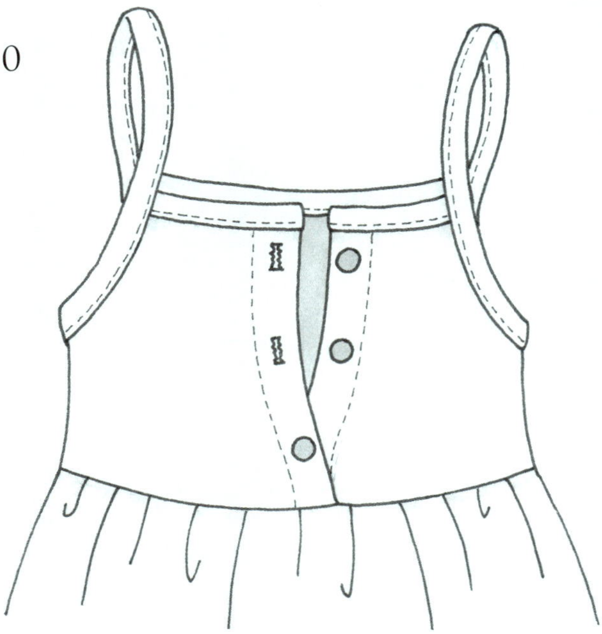

✤ 만드는 방법

만드는 방법은 캐미솔 원피스 mom과 동일하다.
kids 원피스의 경우 목둘레 선이 곡선이 아니라 직선이며,
단추 개수는 4개가 아니라 3개이다.

어깨끈은 다음의 길이로 맞춘다.

어깨끈: 13/14.5/16/17.5cm(사이즈 순)

styling cut p.24

플랫 카라 핀턱 원피스

Flat collar pintuck onepiece kids

09

❖ 실물 패턴

패턴지 A 뒷면

❖ 완성 사이즈 (100사이즈 기준)

옷 길이 55, 가슴둘레 64, 소매 길이 11cm

❖ 원단 필요량

150cm 폭 린넨 약 2마, 화이트 코튼 60×30cm

❖ 부자재

접착심지, 단추(13mm) 3개

❖ 재단 배치도

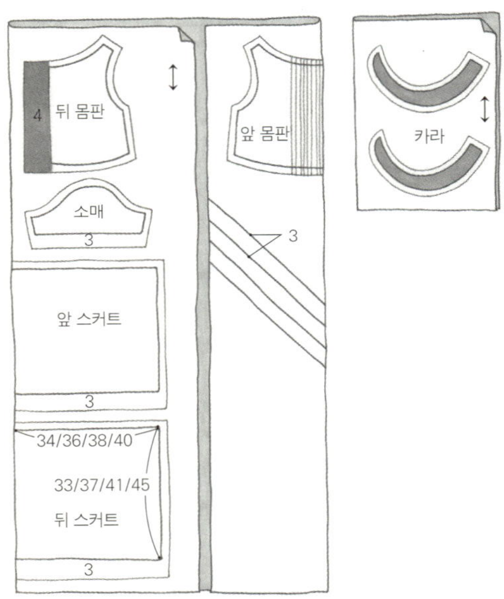

❖ 재단 방법

- 앞 몸판 1장, 뒤 몸판 2장, 소매 2장, 앞 스커트 1장, 뒤 스커트 1장, 목둘레 바이어스, 카라 4장을 재단 배치도에 표시된 수치대로 시접을 두고 재단한다.
- 표시하지 않은 곳은 모두 시접 1cm로 재단한다.
- ▇ 는 접착심지를 붙이는 부분이다.
- 실물 패턴에 포함되지 않은 앞, 뒤 스커트는 다음의 크기로 직선 재단한다.
  스커트: 68×33 / 72×37 / 76×41 / 80×45cm

❖ 작업 순서

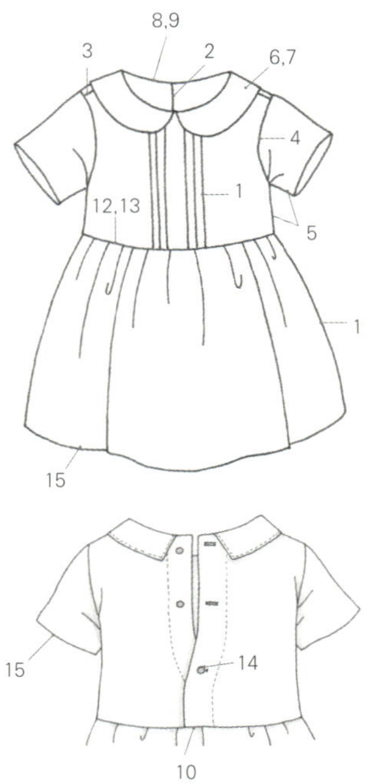

I

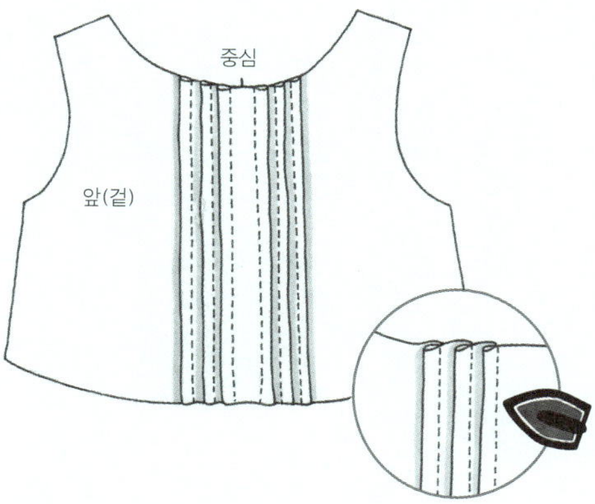

2

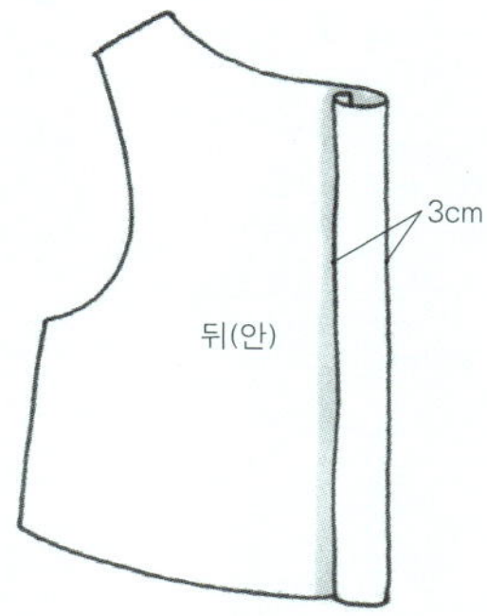

3

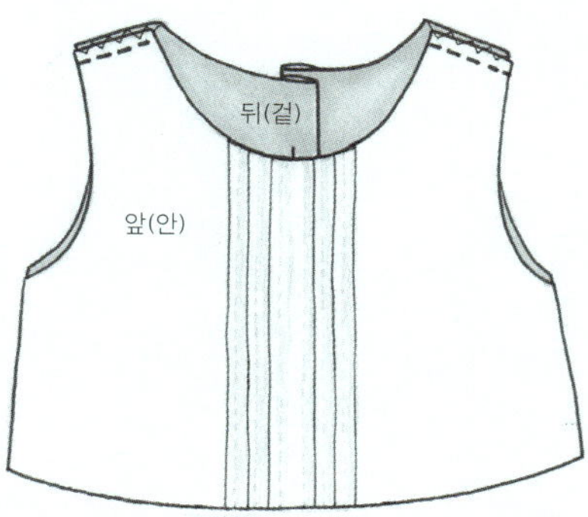

4

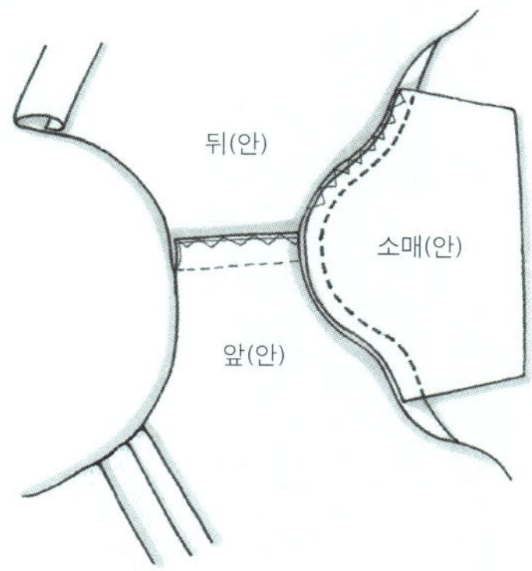

5

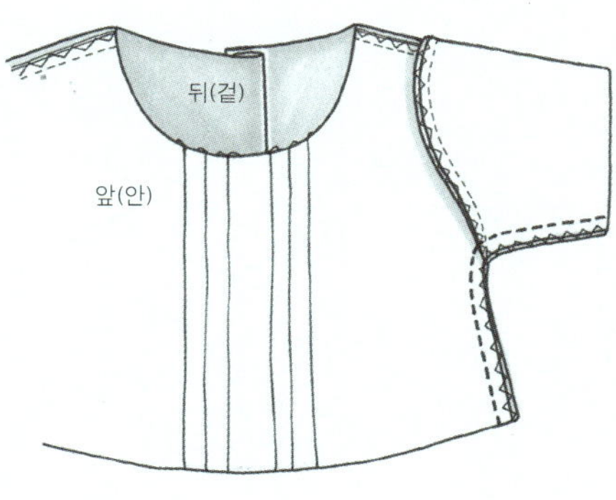

✤ 만드는 방법

1. 앞 몸판의 핀턱 부분을 접어 다리고 박은 후 앞 중심을 기준으로 핀턱 방향을 양옆으로 눕혀 다린다.
2. 뒤 몸판 2장의 중심 시접에 접착심지를 붙인 후 1cm, 3cm로 두 번씩 접어 다린다.
3. 앞, 뒤 몸판을 겉끼리 맞대어 어깨선을 박은 후 시접 2장을 함께 오버로크해서 뒤쪽으로 보낸다.
4. 소매와 몸판을 겉끼리 맞대어 박은 후 시접 2장을 함께 오버로크해서 몸판 쪽으로 보낸다.
5. 소매와 몸판의 옆선을 박은 후 시접 2장을 함께 오버로크해서 뒤쪽으로 보낸다.

6

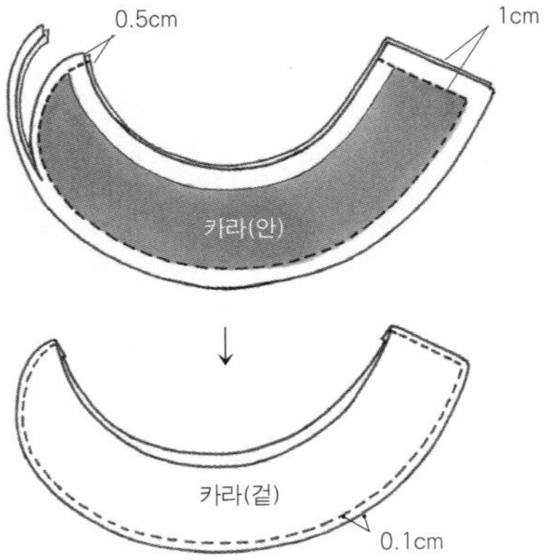

7

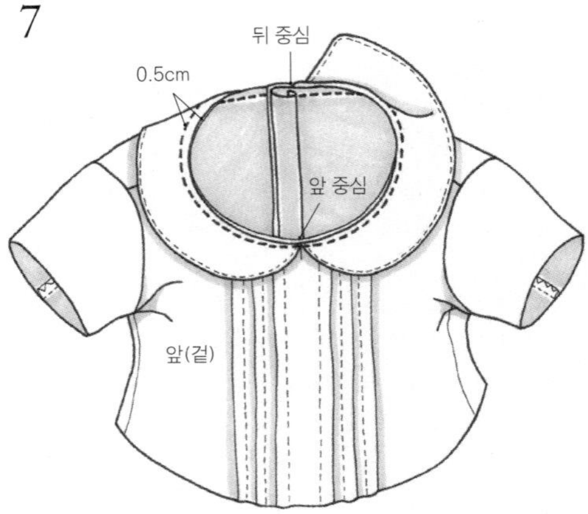

8

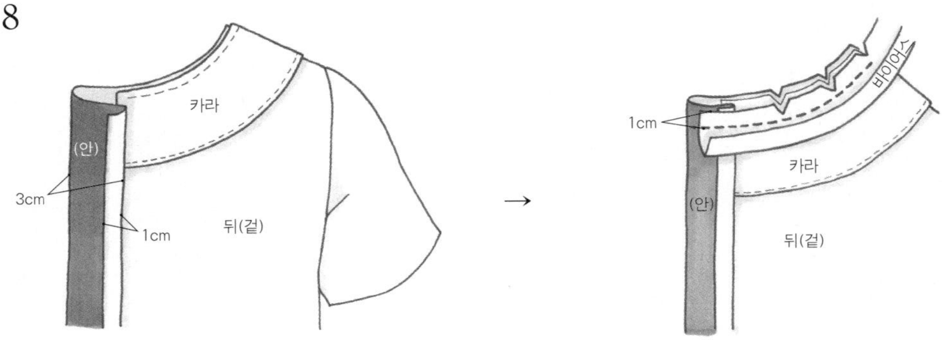

9

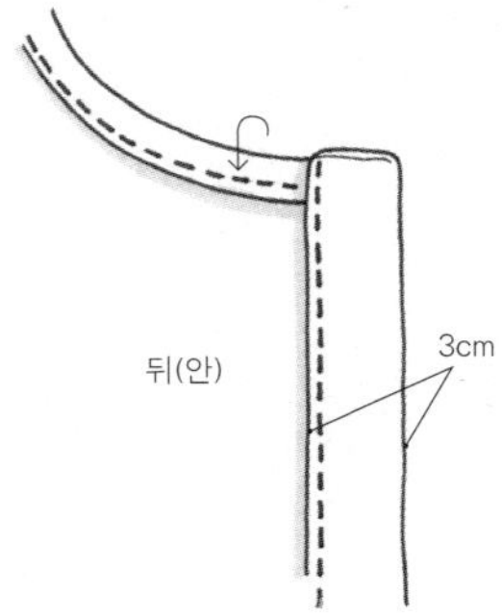

6. 카라 안쪽에 접착심지를 붙인 후 2장을 겉끼리 맞대고 박는다. 박음선을 따라 시접 0.5cm를 남기고 잘라 낸 후 뒤집어서 겉에서 0.1cm로 상침한다. 같은 방법으로 카라를 하나 더 만든다.
7. 몸판의 앞 중심과 뒤 중심에 카라의 양쪽 끝을 맞춰 올려놓고 목둘레를 따라 0.5cm로 박는다.
8. 뒤 몸판의 중심 시접을 겉으로 꺾어 넘긴 후 목둘레를 따라 폭 3cm의 바이어스를 겉끼리 맞대어 박고 곡선 부분에 가위집을 넣는다.
9. 뒤 중심 시접과 바이어스가 만나는 모서리 부분을 안쪽으로 꺾어 뒤집어 주면서 동시에 시접을 바이어스로 감싸 안으로 넘겨 박는다. 뒤 몸판 중심 시접도 함께 박아 준다.

10

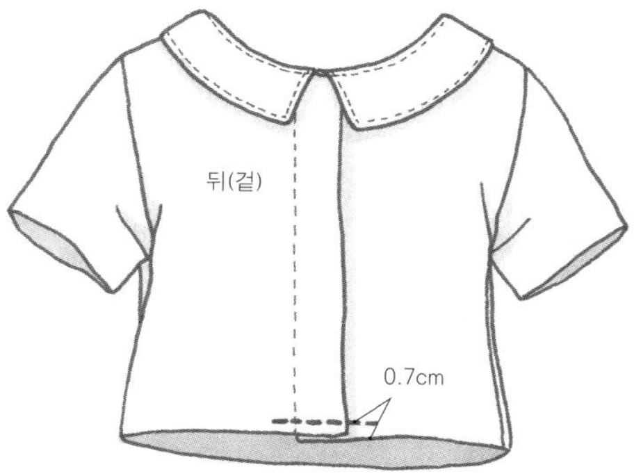

11

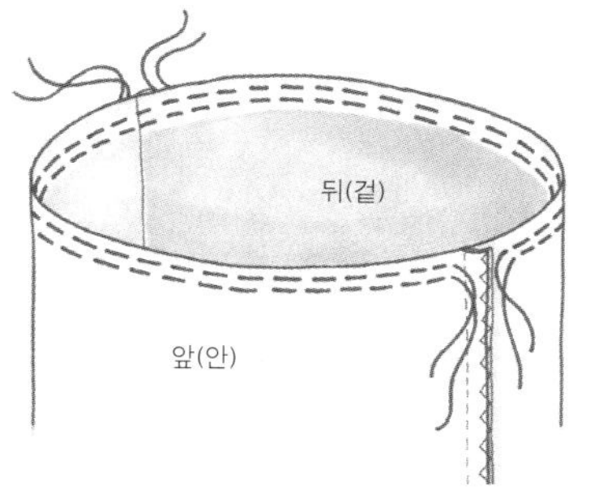

12

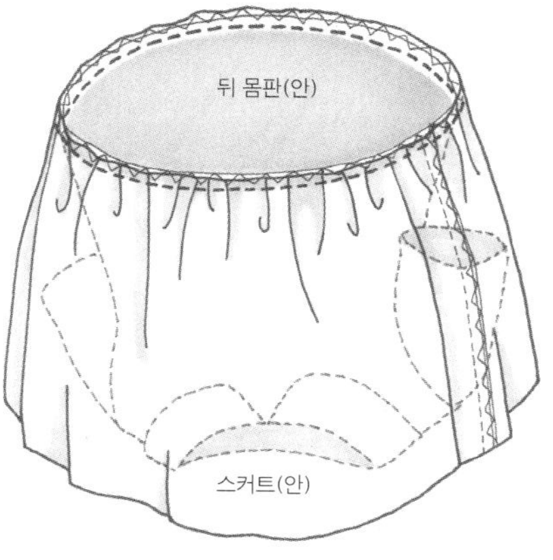

13

14

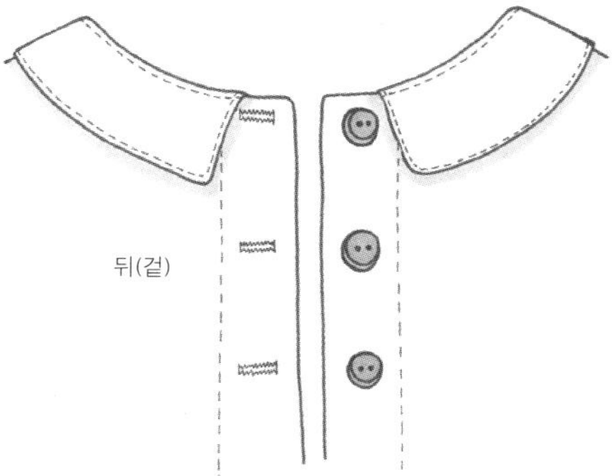

10. 뒤 몸판 2장의 중심을 일치시킨 후 허리선을 박아 고정한다.

11. 앞, 뒤 스커트를 겉끼리 맞대어 옆선을 박은 후 시접 2장을 함께 오버로크해서 뒤쪽으로 보낸다. 스커트 윗부분에 주름을 잡아 준다.

12. 몸판과 스커트를 겉끼리 맞대어 앞, 뒤 중심과 옆선 위치를 맞춘 후 주름을 골고루 나누어 박는다.

13. 시접 2장을 함께 오버로크해서 위쪽으로 보낸 후 겉에서 상침한다.

14. 뒤 몸판 중심에 단추 구멍을 내고 단추를 달아준다.

15. 소매단과 스커트 밑단을 1cm, 2cm로 두 번씩 접어 박는다.

styling cut p. 26

플랫 카라 핀턱 원피스

Flat collar pintuck onepiece mom

10

실물 패턴

패턴지 C 앞면

완성 사이즈

옷 길이 92, 가슴둘레 94, 소매 길이 18cm

원단 필요량

150cm 폭 린넨 약 2~2.5마, 화이트 코튼 20×50cm

부자재

접착심지, 단추(15mm) 5개

재단 배치도

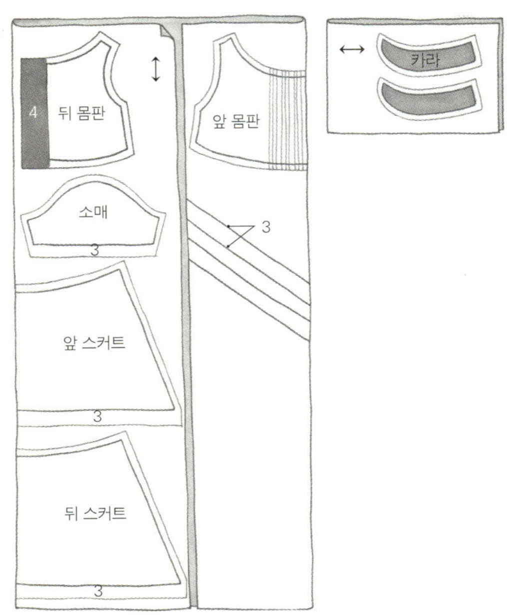

재단 방법

- 앞 몸판 1장, 뒤 몸판 2장, 소매 2장, 앞 스커트 1장, 뒤 스커트 1장, 목둘레 바이어스, 카라 4장을 재단 배치도에 표시된 수치대로 시접을 두고 재단한다.
- 표시하지 않은 곳은 모두 시접 1cm로 재단한다.
- ■ 는 접착심지를 붙이는 부분이다.

작업 순서

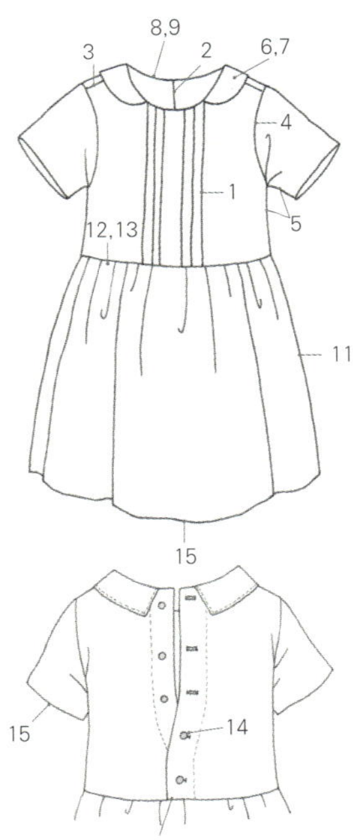

6

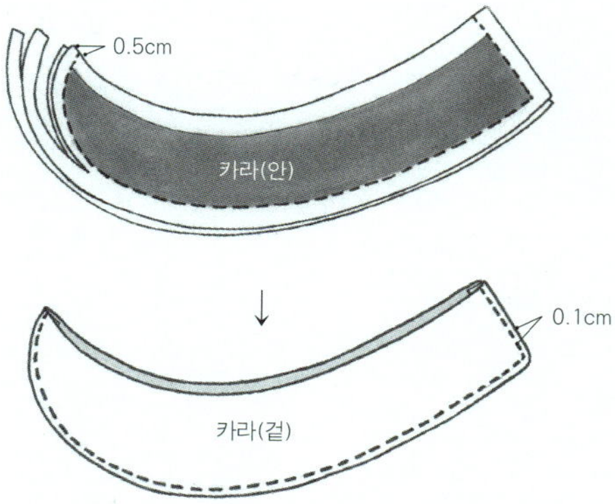

7

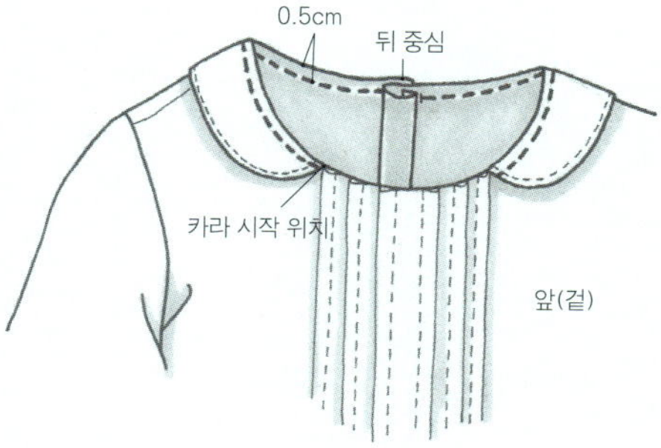

14

✽ 만드는 방법

만드는 방법은 플랫 카라 핀턱 원피스 kids와 동일하다.
mom 원피스의 경우 카라가 목둘레 전체를 덮지 않고 짧은 형태이기 때문에 카라를 고정하는 위치에 유의해서 작업해야 한다.
단추 개수는 3개가 아니라 5개이다.

styling cut p.28

어깨 프릴 원피스

Shoulder frill onepiece kids

11

❖ 실물 패턴

패턴지 A 앞면

❖ 완성 사이즈 (100사이즈 기준)

옷 길이 57, 가슴둘레 62cm

❖ 원단 필요량

150cm 폭 프린트 코튼 1.5마

❖ 부자재

접착심지, 단추(13mm) 3개

❖ 재단 배치도

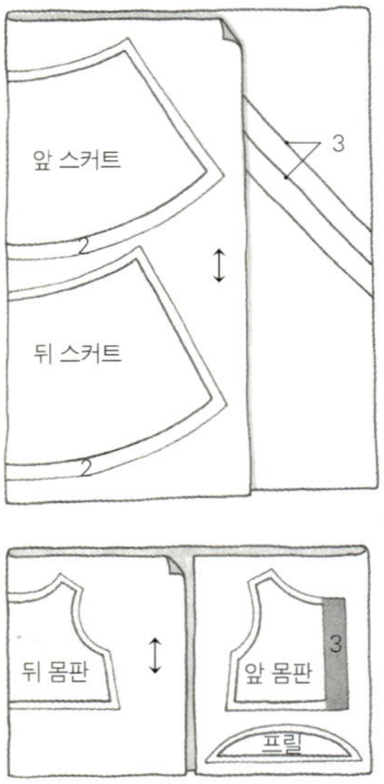

❖ 재단 방법

- 앞 몸판 2장, 뒤 몸판 1장, 앞 스커트 1장, 뒤 스커트 1장, 프릴 2장, 목둘레와 소매 바이어스를 재단 배치도에 표시된 수치대로 시접을 두고 재단한다.
- 표시하지 않은 곳은 모두 시접 1cm로 재단한다.
- ▬ 는 접착심지를 붙이는 부분이다.

❖ 작업 순서

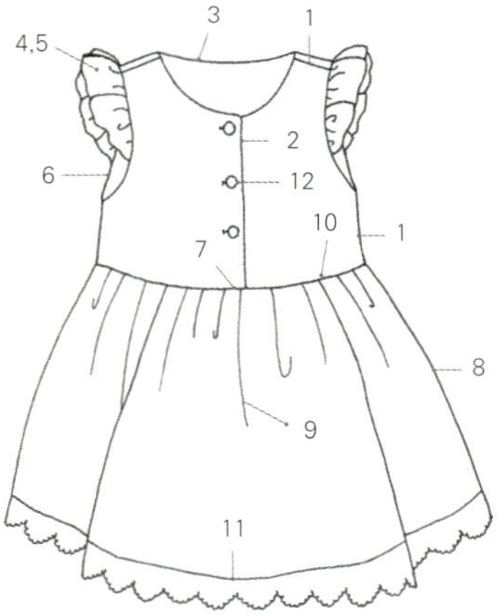

1

2

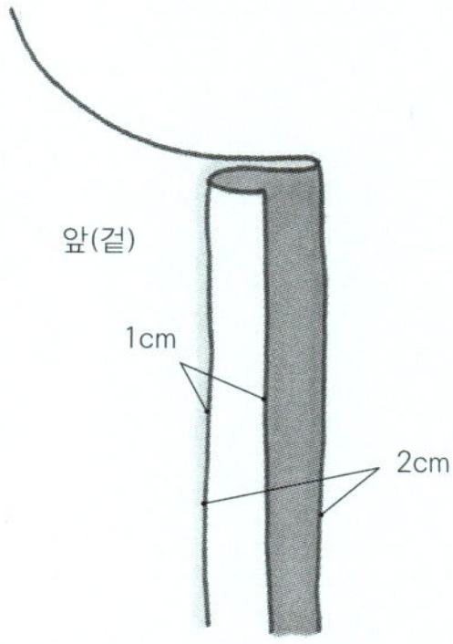

3

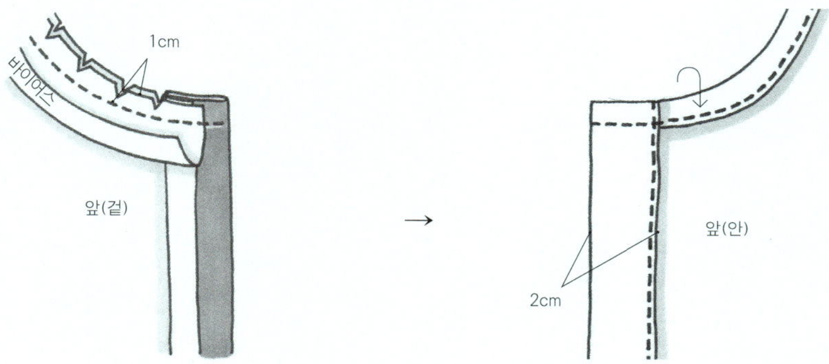

4

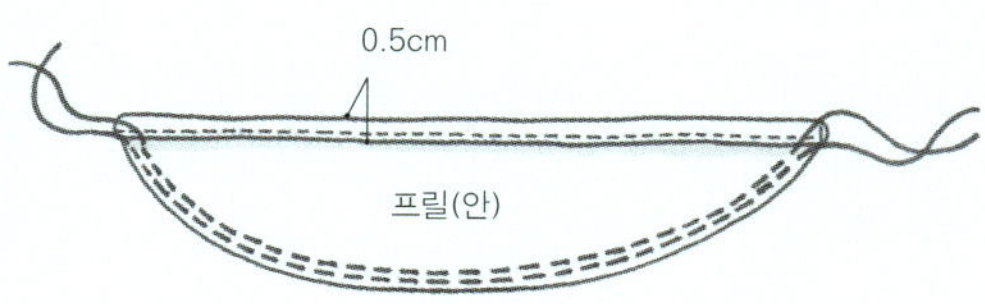

❖ 만드는 방법

1. 앞 몸판과 뒤 몸판을 겉끼리 맞대고 어깨와 옆선을 박은 후 시접 2장을 함께 오버로크해서 뒤쪽으로 보낸다.
2. 앞 몸판 중심의 시접에 접착심지를 붙이고 겉쪽으로 한 번, 안쪽으로 한 번 접어 다린다.
3. 몸판 겉쪽에 목둘레를 따라 바이어스를 올려놓고 박은 후 시접의 곡선 부분에 가위집을 넣는다. 앞 중심 시접과 바이어스가 만나는 모서리 부분을 안쪽으로 꺾어 뒤집어 주면서 동시에 시접을 바이어스로 감싸 안으로 넘겨 박는다. 앞 몸판 중심 시접도 함께 박아 준다.
4. 프릴의 직선 부분 시접을 0.5cm로 두 번 접어 박고 반대편에 주름을 잡는다.

5

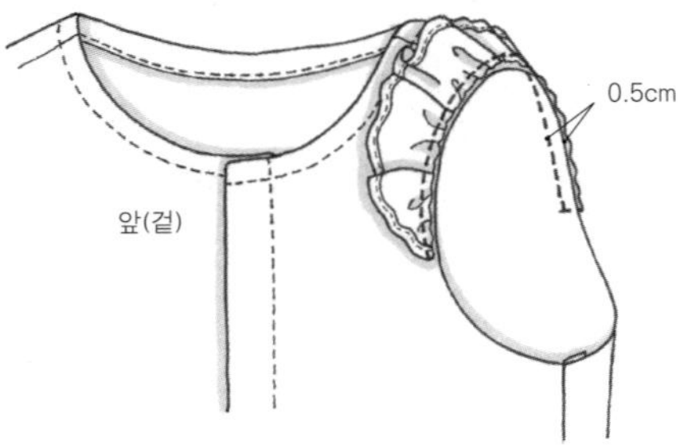

5. 주름 잡은 프릴을 소매 둘레의 프릴 위치에 맞춰 박는다.
6. 몸판 겉쪽의 소매 둘레에 폭 3cm의 바이어스를 겉끼리 맞대어 박는다. 시접을 바이어스로 감싸 안쪽으로 꺾어 다린 후 박는다.
7. 앞 몸판 2장의 중심을 일치시킨 후 겹쳐지는 부분을 박는다.

6

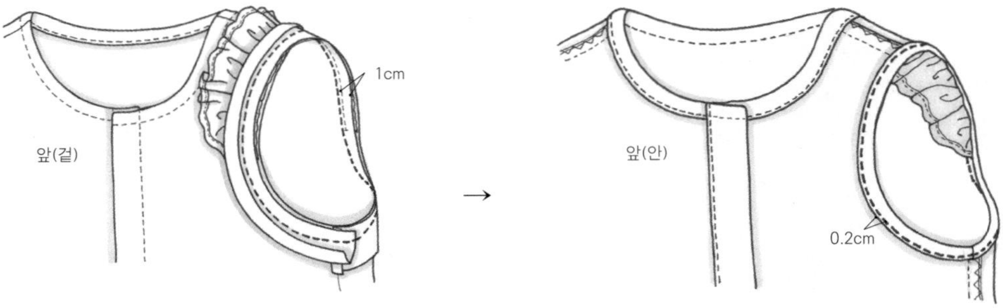

7

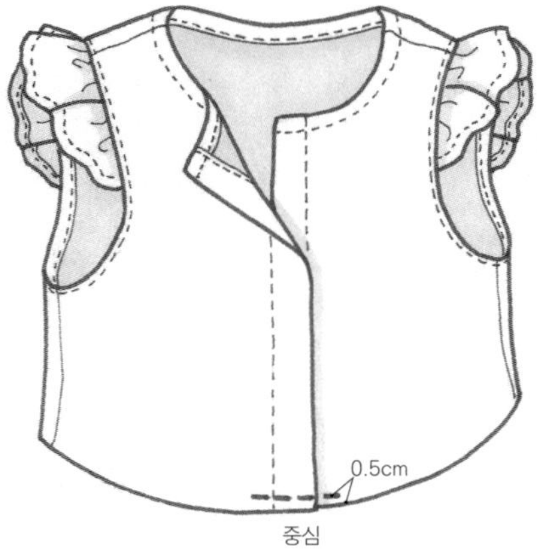

8

9

10

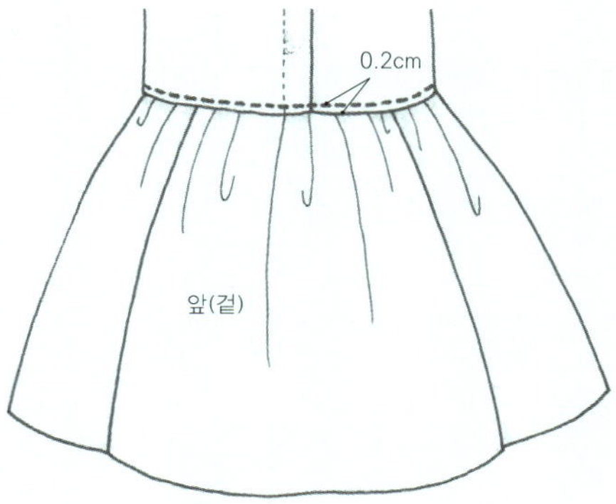

11

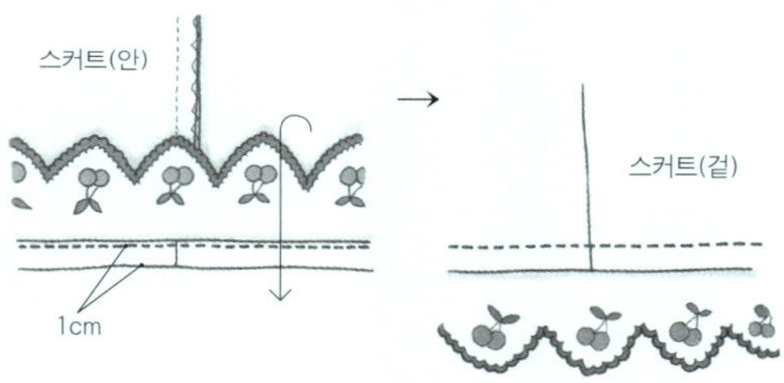

12

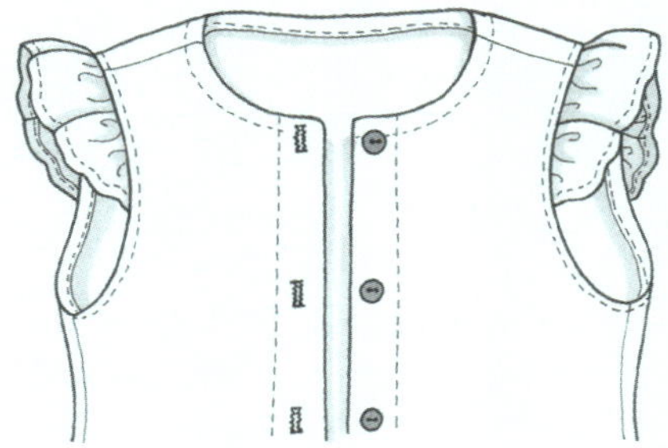

8. 앞, 뒤 스커트를 겉끼리 맞대어 옆선을 박고 시접 2장을 함께 오버로크한다.
9. 스커트 윗부분에 주름을 잡는다.
10. 몸판과 스커트를 겉끼리 맞대고 주름을 골고루 배분해서 박은 후 시접 2장을 함께 오버로크해서 위쪽으로 보낸다. 겉에서 허리선을 따라 상침한다.
11. 스커트 밑단을 1cm씩 두 번 접고 레이스를 끼워 넣어 박는다. 레이스를 겉쪽으로 꺾어 내려 다려 준다.
12. 앞 몸판 중심에 단추구멍을 내고 단추를 달아 준다.

styling cut p.30

어깨 프릴 원피스

Shoulder frill onepiece mom

12

✣ 실물 패턴

패턴지 B 뒷면

✣ 완성 사이즈

옷 길이 95, 가슴둘레 96cm

✣ 원단 필요량

150cm 폭 체크 코튼 2마

✣ 부자재

접착심지, 단추(10mm) 5개

✣ 재단 배치도

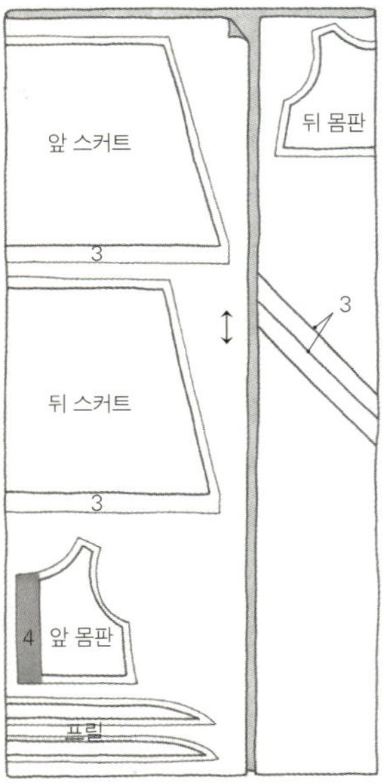

✣ 작업 순서

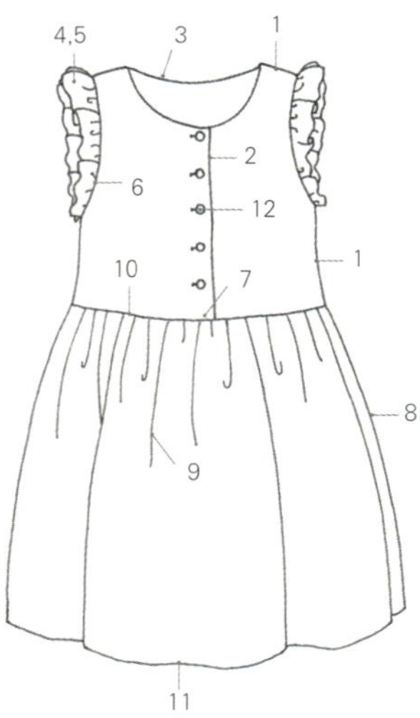

✣ 재단 방법

- 앞 몸판 2장, 뒤 몸판 1장, 앞 스커트 1장, 뒤 스커트 1장, 프릴 2장, 목둘레와 소매 바이어스를 재단 배치도에 표시된 수치대로 시접을 두고 재단한다.
- 표시하지 않은 곳은 모두 시접 1cm로 재단한다.
- ▒ 는 접착심지를 붙이는 부분이다.

2

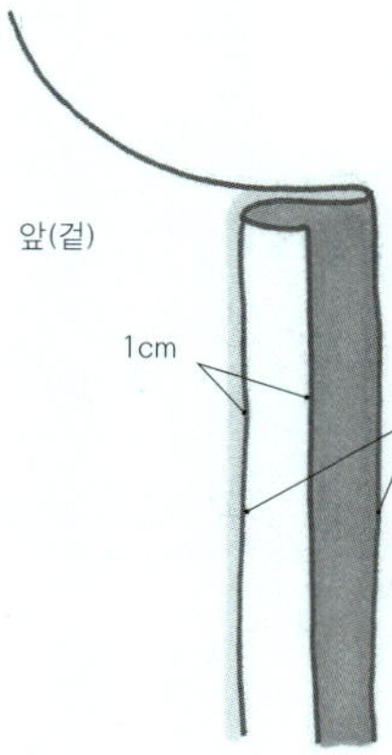

4

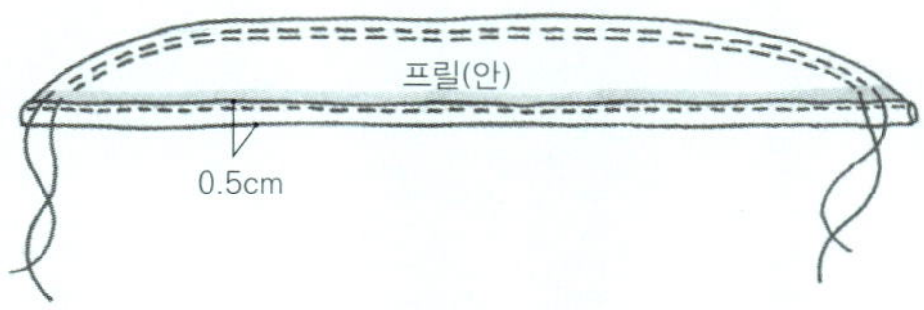

5

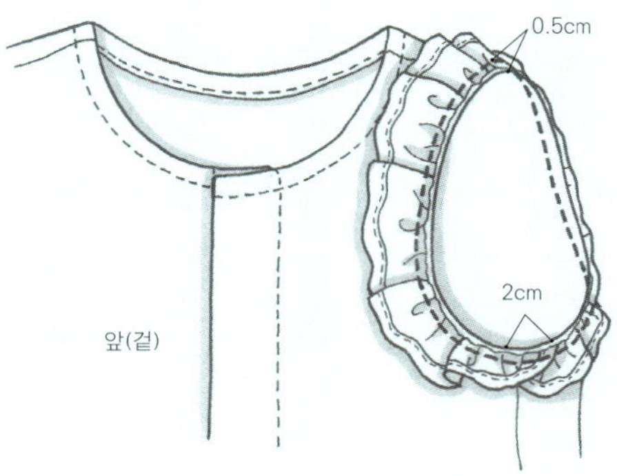

6

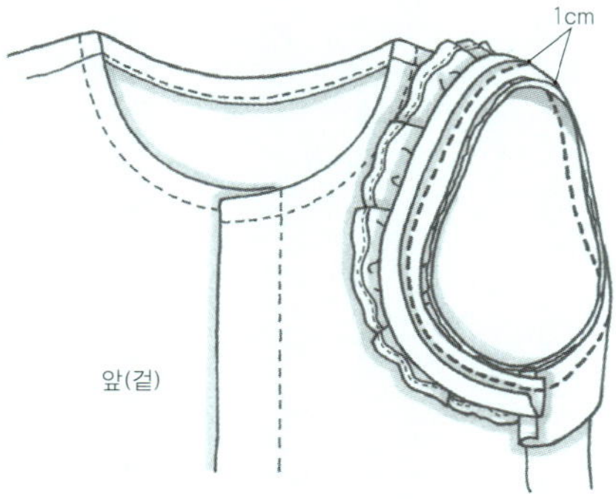

12

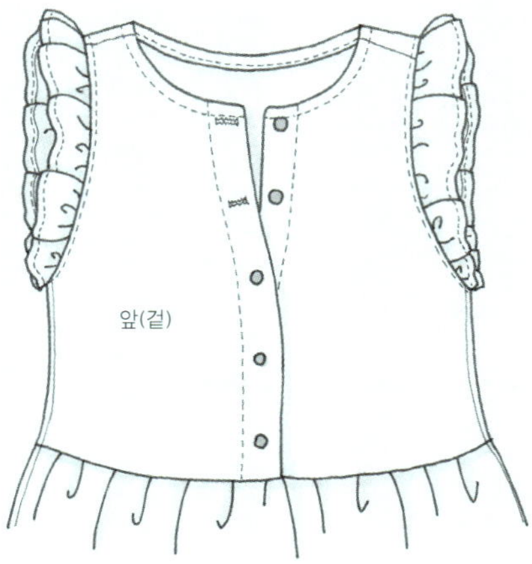

✤ 만드는 방법

만드는 방법은 어깨 프릴 원피스 kids와 동일하다.
mom 원피스의 경우 앞 중심의 시접이 3cm가 아니라 4cm이다. 그리고 어깨 프릴이 소매둘레 전체를 덮는 형태이기 때문에 주름 잡은 프릴을 소매둘레에 두르고 끝부분이 2cm 정도 겹쳐지게 해서 박아야 한다.
단추 개수는 3개가 아니라 5개이다.

styling cut p.32

앞 프릴 원피스

Front frill onepiece kids

13

✣ 작업 순서

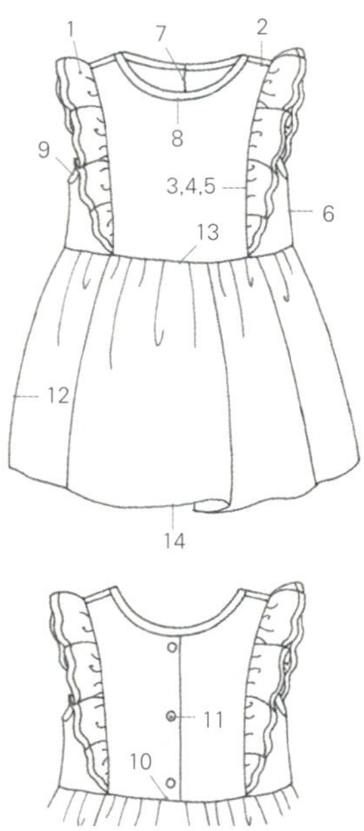

✣ 실물 패턴

패턴지 A 앞면

✣ 완성 사이즈 (100사이즈 기준)

옷 길이 54, 가슴둘레 62cm

✣ 원단 필요량

150cm 폭 린넨 1.5마

✣ 부자재

접착심지, 배색 바이어스, 단추(13mm) 3개

✣ 재단 배치도

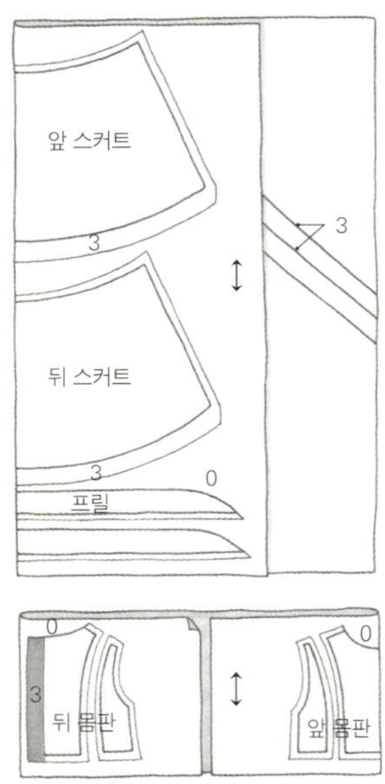

✣ 재단 방법

- 앞 몸판 3장, 뒤 몸판 4장, 앞 스커트 1장, 뒤 스커트 1장, 프릴 2장, 소매 바이어스를 재단 배치도에 표시된 수치대로 시접을 두고 재단한다.
- 표시하지 않은 곳은 모두 시접 1cm로 재단한다.
- ▇ 는 접착심지를 붙이는 부분이다.

1

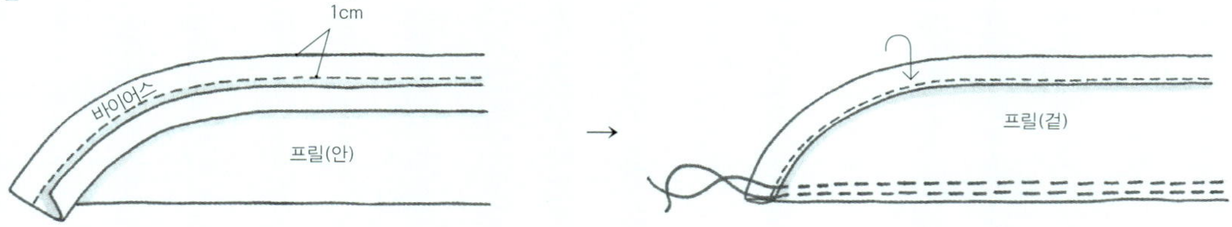

2

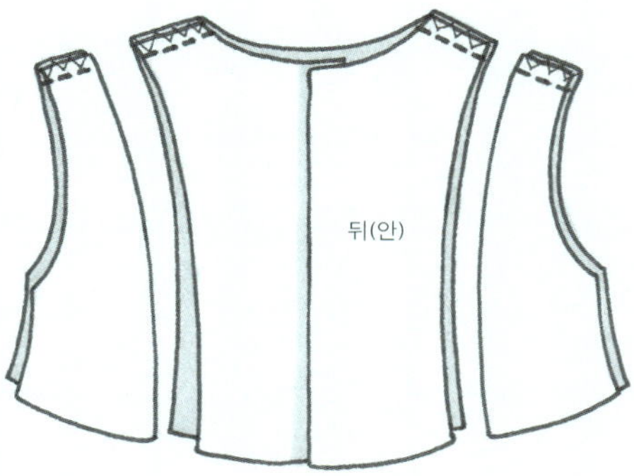

3

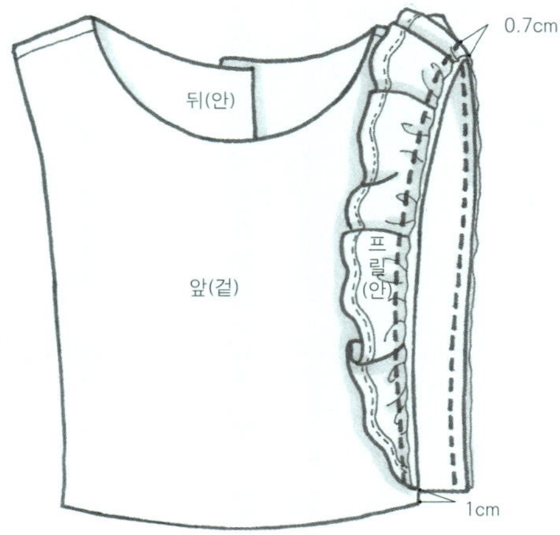

✤ 만드는 방법

1. 프릴 안쪽의 곡선 부분에 4cm 폭의 배색 바이어스를 올려놓고 박는다. 바이어스로 시접을 감싸 겉으로 넘겨 박은 후 반대편의 시접 부분에 주름을 잡는다.
2. 앞 몸판과 뒤 몸판을 겉끼리 맞대어 어깨선을 박은 후 시접 2장을 함께 오버로크해서 뒤쪽으로 보낸다. 총 3 조각이 되게 연결한다.
3. 몸판 가운데 조각의 밑에서 1cm 지점에 프릴을 올려놓고, 주름을 골고루 배분해서 박는다.

4

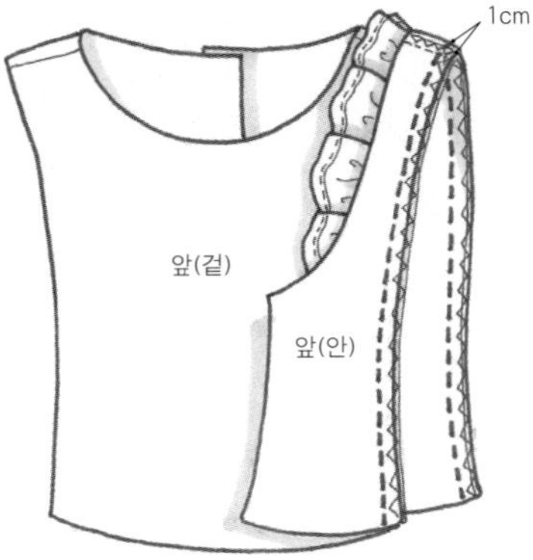

5

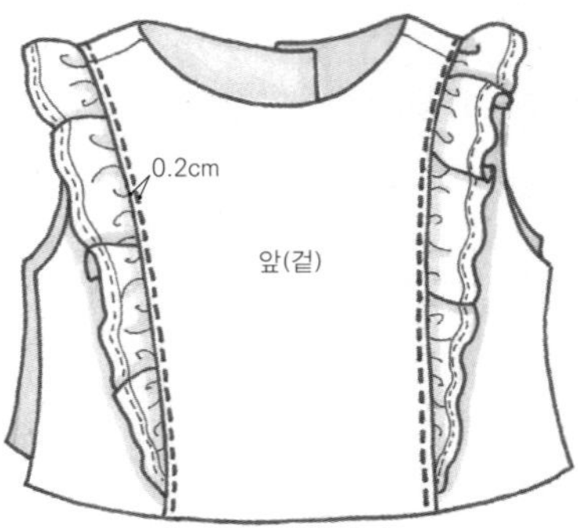

6

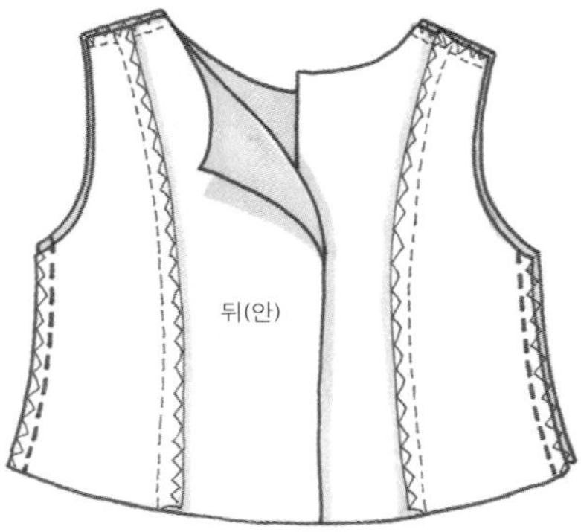

7

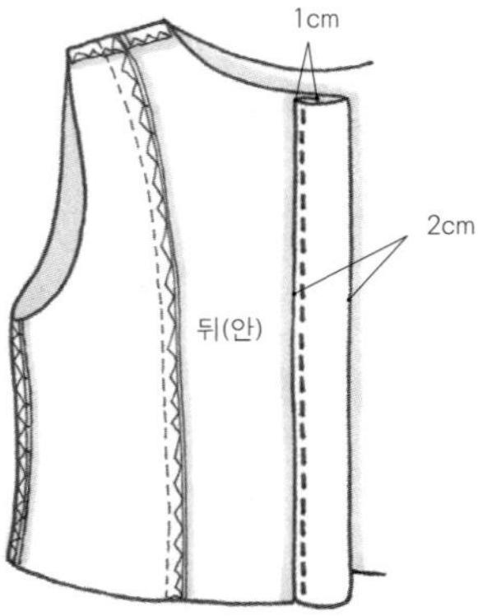

4. 프릴을 단 몸판과 양옆의 몸판 조각을 겉끼리 맞대어 박은 후 시접을 함께 오버로크해서 가운데로 보낸다.
5. 연결된 부분을 따라 겉에서 0.2cm로 상침한다.
6. 앞 몸판과 뒤 몸판을 겉끼리 맞대어 옆선을 박은 후 시접 2장을 함께 오버로크해서 뒤쪽으로 보낸다.
7. 뒤 몸판 중심의 시접에 접착심지를 붙이고 1cm, 2cm로 두 번 접어 다린 후 박는다.

8

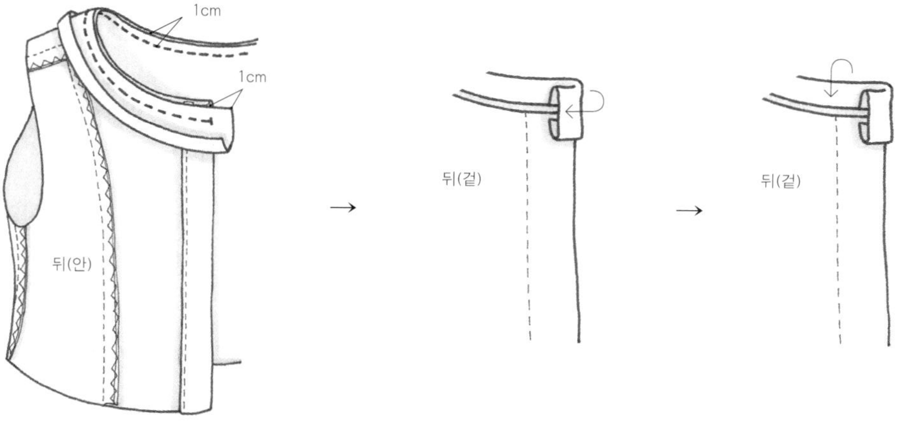

9

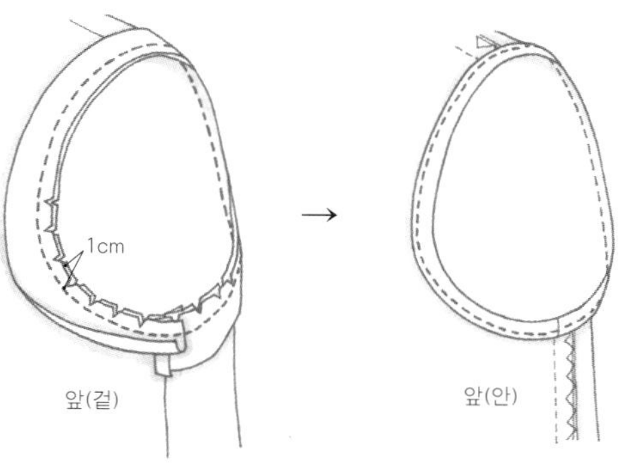

10

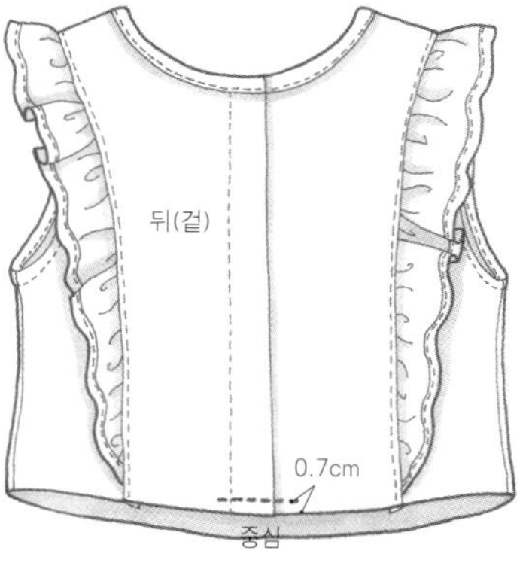

8. 몸판 안쪽의 목둘레를 따라 4cm 폭의 배색 바이어스를 올려놓고 박되 바이어스 시작과 끝부분에 1cm 정도 여유를 둔다. 바이어스의 여유분을 먼저 안으로 접은 후 바이어스를 몸판 겉쪽으로 넘겨 박는다.
9. 몸판 겉의 소매 둘레를 따라 3cm 폭의 바이어스를 둘러 박은 후 시접을 바이어스로 감싸 안쪽으로 넘겨서 박아 준다.
10. 뒤 몸판의 중심을 일치시킨 후 겹쳐지는 부분을 박는다.
11. 뒤 몸판 중심에 단추구멍을 내고 단추를 달아 준다.

이후의 과정은 스트라이프 원피스 kids의 8~11번 과정과 만드는 방법이 동일하다.

styling cut p.34

스트라이프 원피스

Stripe onepiece kids

14

✤ 실물 패턴

패턴지 A 앞면

✤ 완성 사이즈 (100사이즈 기준)

옷 길이 56, 가슴둘레 64cm

✤ 원단 필요량

150cm 폭 스트라이프 코튼 0.5마,
150cm 폭 플라워 코튼 1.5마

✤ 부자재

접착심지, 바이어스, 단추(10mm) 1개

✤ 재단 배치도

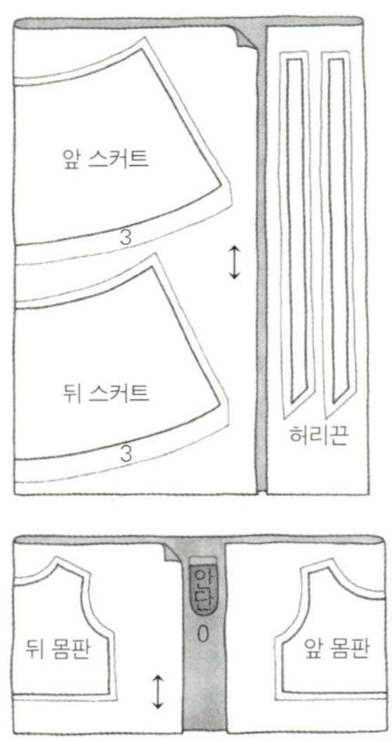

✤ 재단 방법

- 앞 몸판 1장, 뒤 몸판 1장, 앞 스커트 1장, 뒤 스커트 1장, 안단 1장, 허리끈 4장, 단추고리 1장을 재단 배치도에 표시된 수치대로 시접을 두고 재단한다.
- 표시하지 않은 곳은 모두 시접 1cm로 재단한다.
- ▬는 접착심지를 붙이는 부분이다.
- 실물 패턴에 포함되지 않은 단추고리는 4.5×2cm(시접 없음)로 직선 재단한다. 시중에서 판매하는 단추고리 부자재를 이용해도 된다.

✤ 작업 순서

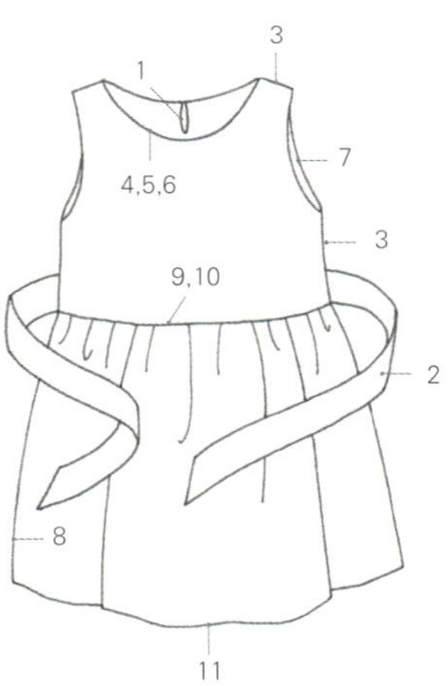

1

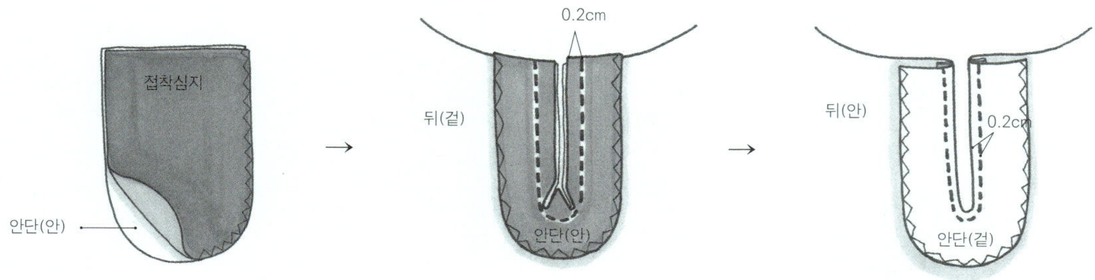

2

3

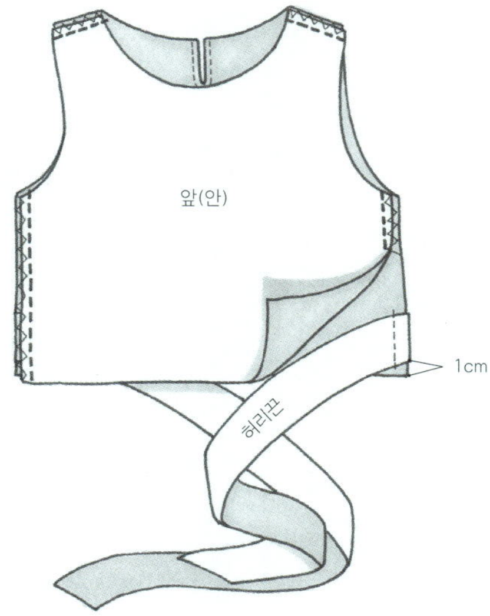

4

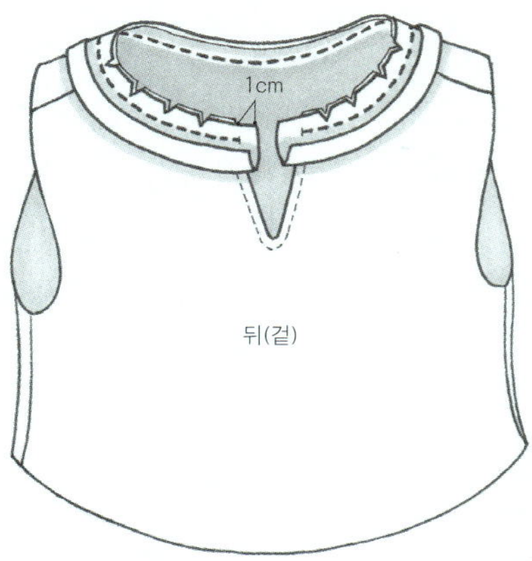

◈ 만드는 방법

1. 안단 뒷면에 접착심지를 붙이고 오버로크한다. 뒤 몸판 중심에 안단을 겉끼리 마주보게 올려놓고 중심선 둘레를 따라 박은 후 가운데를 Y자 모양으로 절개한다. 안단을 몸판 안쪽으로 꺾어 넘긴 후 0.2cm로 박는다.
2. 허리끈의 세 면을 박은 후 뒤집어서 다려 준다.
3. 앞 몸판과 뒤 몸판을 겉끼리 맞댄 상태에서 허리끈을 양쪽에 끼워 넣어 고정하고 옆선과 어깨선을 박는다. 시접은 함께 오버로크해서 뒤쪽으로 보낸다.
4. 몸판 겉쪽의 목둘레를 따라 바이어스를 올려놓고 박되 바이어스 양끝에 1cm의 여유를 두도록 한다. 목둘레의 곡선 부분에는 가위집을 넣는다.

5

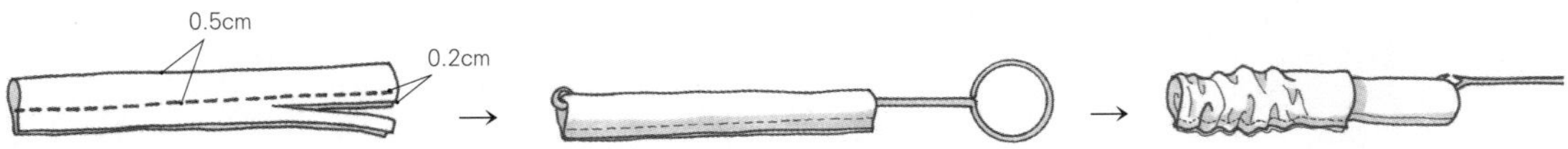

6

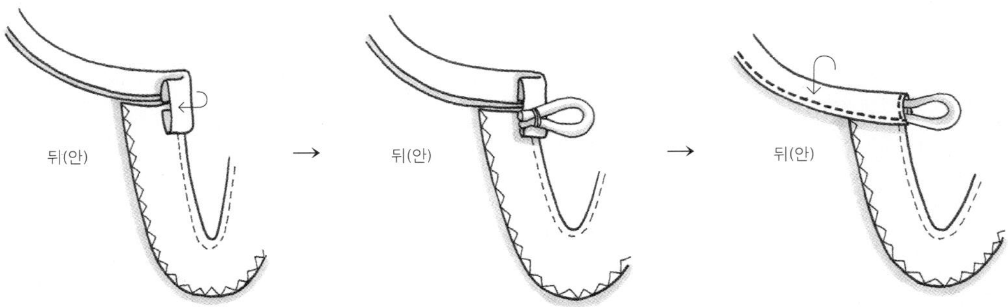

7

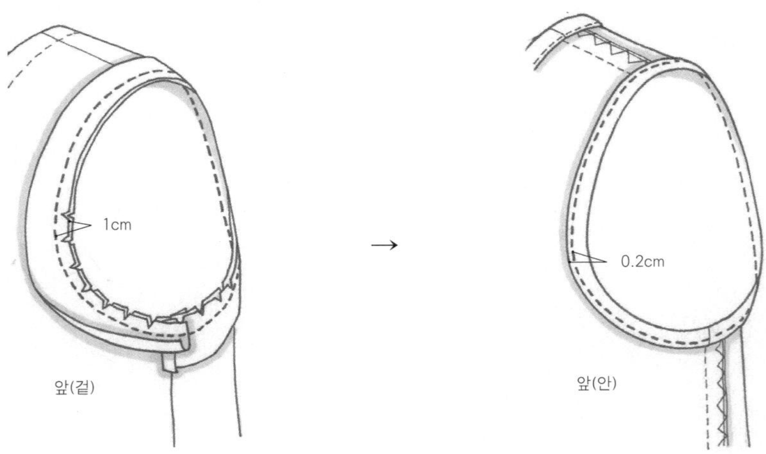

5. 단추고리를 만든다. 먼저 길게 반을 접어 박고 시접 0.2cm를 남기고 잘라 낸 후 뒤집는다.
6. 목둘레 바이어스 끝의 여유분을 안으로 접어 넣고 단추고리를 끼운 후 시접을 바이어스로 감싸서 박는다.
7. 몸판 겉쪽의 소매 둘레에 바이어스를 겉끼리 맞닿게 올려놓고 박은 후 시접을 바이어스로 감싸 안쪽으로 넘겨 박아 준다.

8

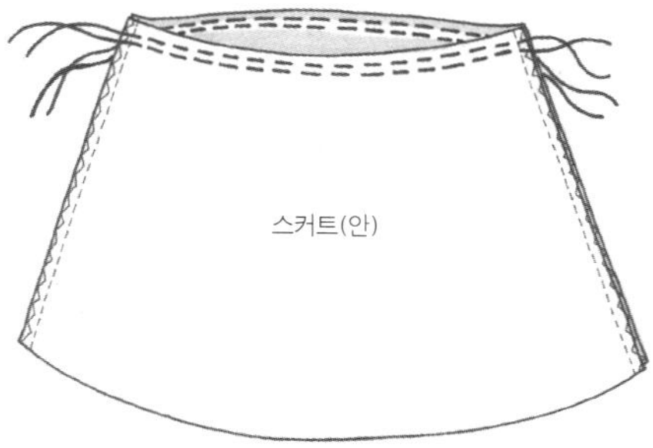

9

10

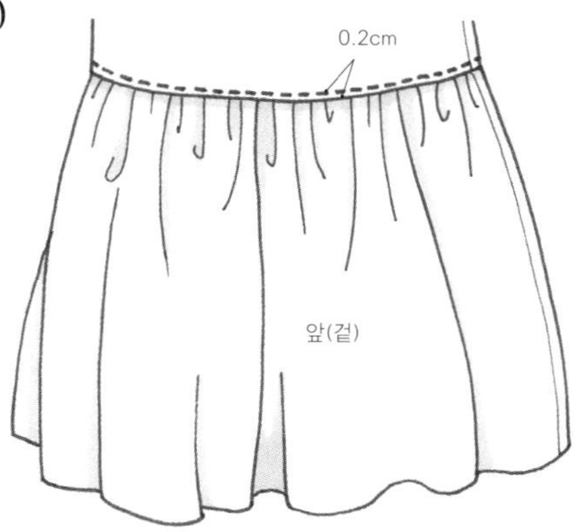

11

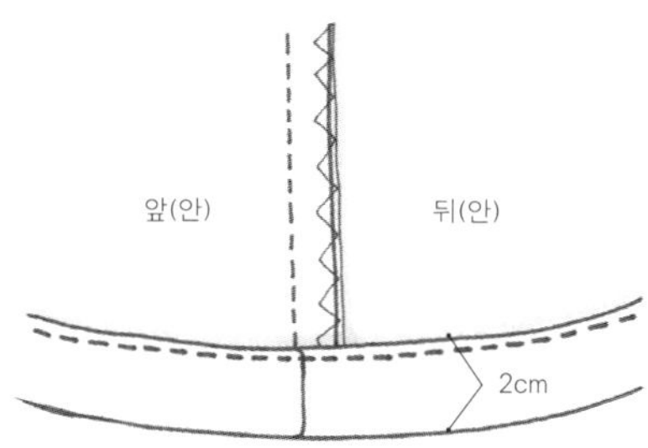

8. 앞 스커트와 뒤 스커트를 겉끼리 맞대어 옆선을 박은 후 시접 2장을 함께 오버로크해서 뒤쪽으로 보낸다. 윗부분에 주름을 잡아 준다.
9. 스커트와 몸판을 겉끼리 맞대고 중심과 옆선을 기준으로 주름을 골고루 배분해서 박는다.
10. 시접을 위쪽으로 향하게 다린 후 겉에서 상침한다.
11. 스커트 밑단을 1cm, 2cm로 두 번 접어 다린 후 박는다.

styling cut p.35

스트라이프 원피스

Stripe onepiece mom

15

실물 패턴

패턴지 B 뒷면

완성 사이즈

옷 길이 100, 가슴둘레 96cm

원단 필요량

150cm 폭 스트라이프 코튼 0.5마, 150cm 폭 린넨 1.5마

부자재

접착심지, 바이어스, 단추(10mm) 1개

재단 배치도

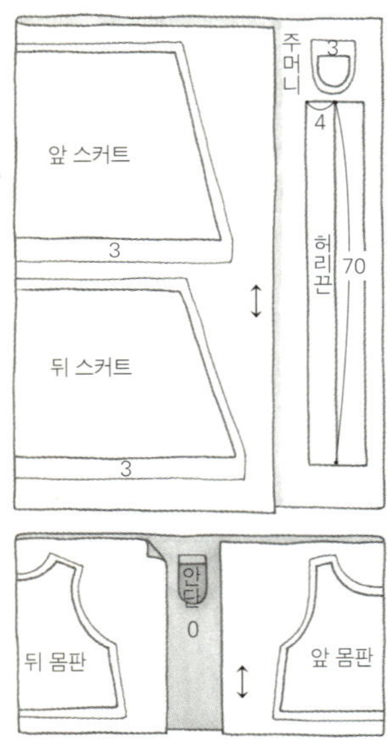

재단 방법

- 앞 몸판 1장, 뒤 몸판 1장, 앞 스커트 1장, 뒤 스커트 1장, 안단 1장, 주머니 1장, 허리끈 2장, 단추고리 1장을 재단 배치도에 표시된 수치대로 시접을 두고 재단한다.
- 표시하지 않은 곳은 모두 시접 1cm로 재단한다.
- ■ 는 접착심지를 붙이는 부분이다.
- 실물 패턴에 포함되지 않은 허리끈과 단추고리는 다음의 크기로 직선 재단한다.

  허리끈: 4×70cm(시접 없음)

  단추고리: 4.5×2cm(시접 없음)

작업 순서

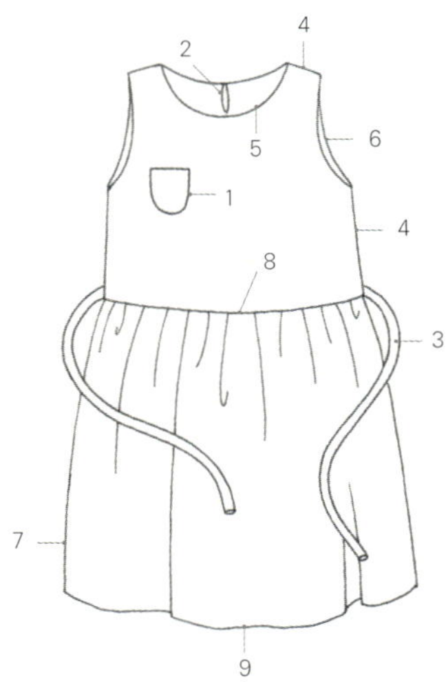

1

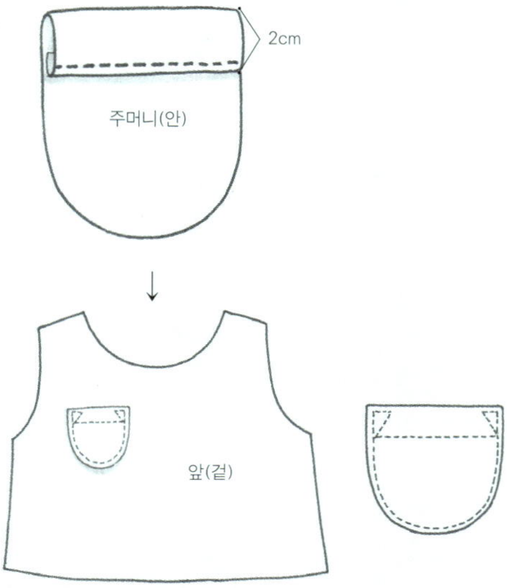

✤ 만드는 방법

만드는 방법은 스트라이프 원피스 kids와 동일하다. mom 원피스의 경우 끈의 모양과 만드는 방법이 다르고, 앞 몸판에 작은 주머니가 달려 있다.

✤ 주머니 다는 방법

1. 주머니 입구를 1cm, 2cm로 두 번 접어 박고, 나머지 시접은 안으로 접어 다린다. 앞 몸판의 주머니 위치에 맞춰 박고 입구 부분은 튼튼하도록 되돌아 박는다. 주머니 위치는 패턴에 표시되어 있다.

3

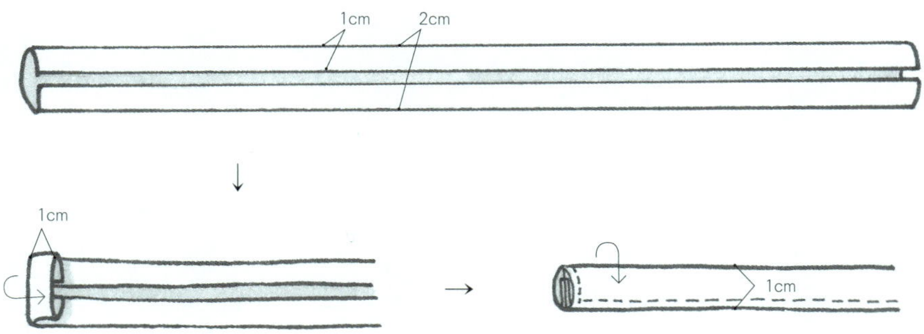

4

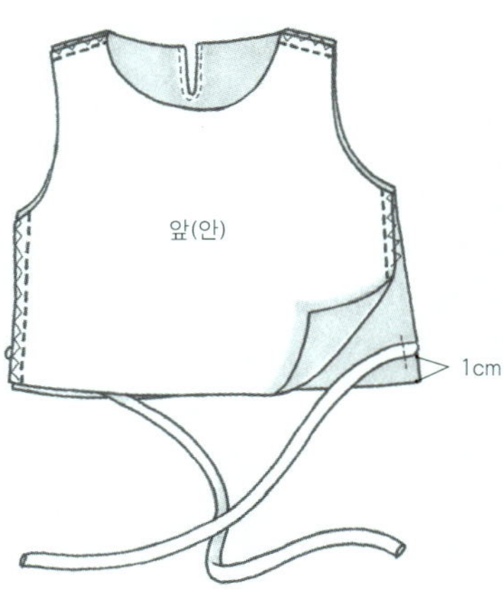

✤ 끈 만드는 방법

3. 허리끈 양쪽을 길게 접어 다린 후 한쪽 끝을 안으로 접어 넣고 다시 길게 반으로 접어 박는다.
4. 앞 몸판과 뒤 몸판을 겉끼리 맞댄 상태에서 허리끈을 양쪽에 끼워 넣어 고정하고 옆선과 어깨선을 박는다.

styling cut p.38

앞 오픈 원피스

Open onepiece kids

16

✣ 작업 순서

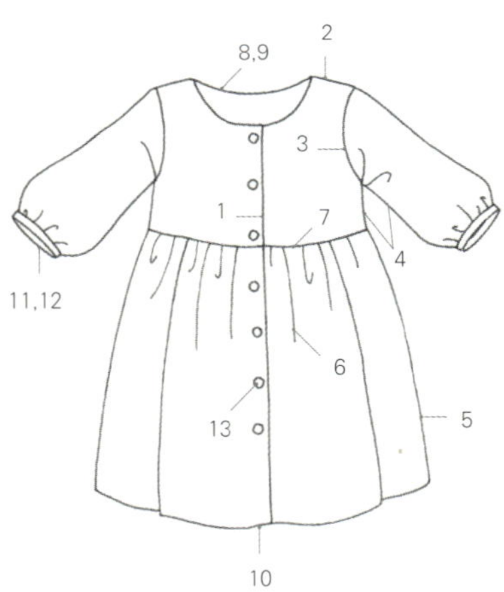

✣ 실물 패턴

패턴지 A 뒷면

✣ 완성 사이즈 (100사이즈 기준)

옷 길이 57, 가슴둘레 62, 소매 길이 23cm

✣ 원단 필요량

150cm 폭 코튼 또는 면실크 2마

✣ 부자재

접착심지, 단추(10mm) 7개

✣ 재단 배치도

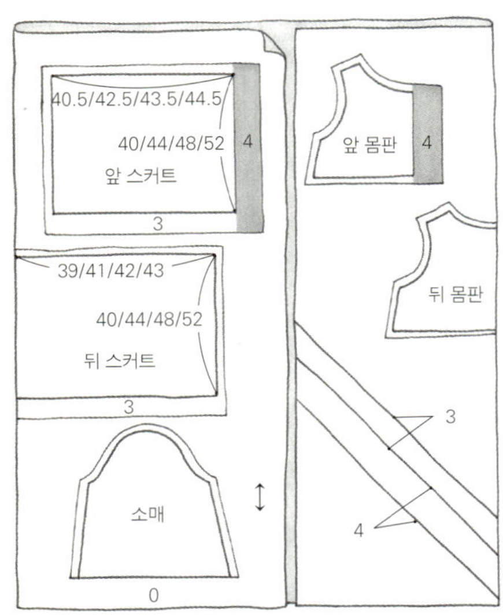

✣ 재단하는 방법

- 앞 몸판 2장, 뒤 몸판 1장, 앞 스커트 2장, 뒤 스커트 1장, 소매 2장, 목둘레와 소매 바이어스를 재단 배치도에 표시된 수치대로 시접을 두고 재단한다.
- 표시하지 않은 곳은 모두 시접 1cm로 재단한다.
- ■는 접착심지를 붙일 부분을 의미한다.
- 실물 패턴에 포함되지 않은 앞, 뒤 스커트는 다음의 크기로 직선 재단한다.

  앞 스커트: 40.5×40 / 42.5×44 / 43.5×48 / 44.5×52cm

  뒤 스커트: 78×40 / 82×44 / 84×48 / 86×52cm

1

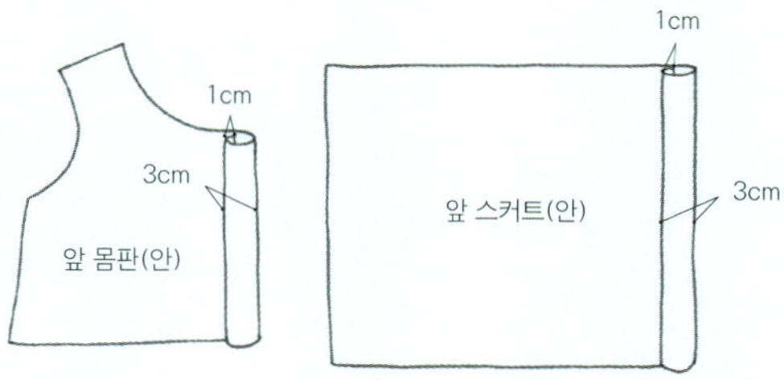

2

3

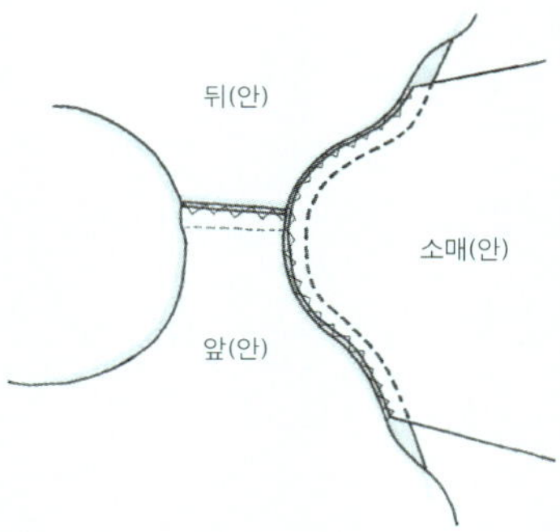

4

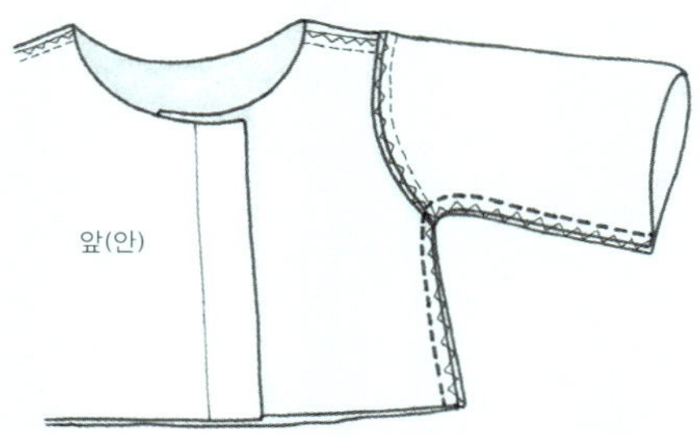

5

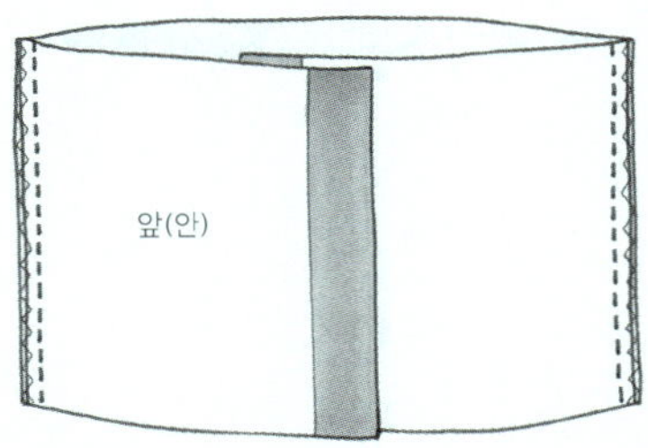

만드는 방법

1. 앞 몸판과 앞 스커트 중심의 시접 안쪽에 접착심지를 붙이고 1cm, 3cm로 두 번 접어 다려 놓는다.
2. 앞 몸판과 뒤 몸판을 겉끼리 맞대어 어깨선을 박은 후 시접 2장을 함께 오버로크해서 뒤쪽으로 보낸다.
3. 몸판과 소매를 겉끼리 맞대어 박은 후 시접 2장을 함께 오버로크해서 몸판 쪽으로 보낸다.
4. 소매와 몸판의 옆선을 박은 후 시접 2장을 함께 오버로크해서 뒤쪽으로 보낸다.
5. 앞 스커트와 뒤 스커트를 겉끼리 맞닿게 포개어 옆선을 박은 후 시접 2장을 함께 오버로크해서 뒤쪽으로 보낸다.

6

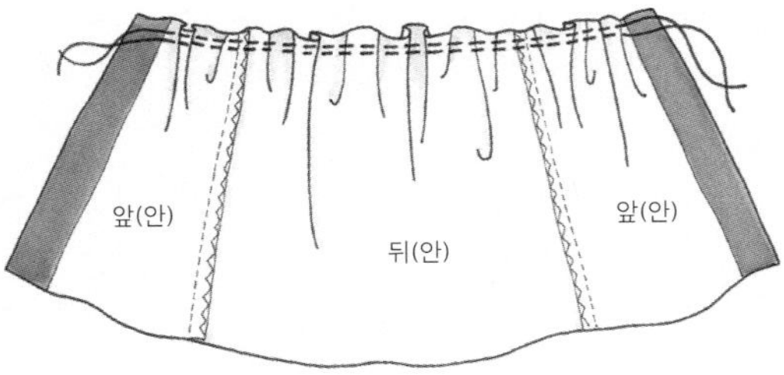

7

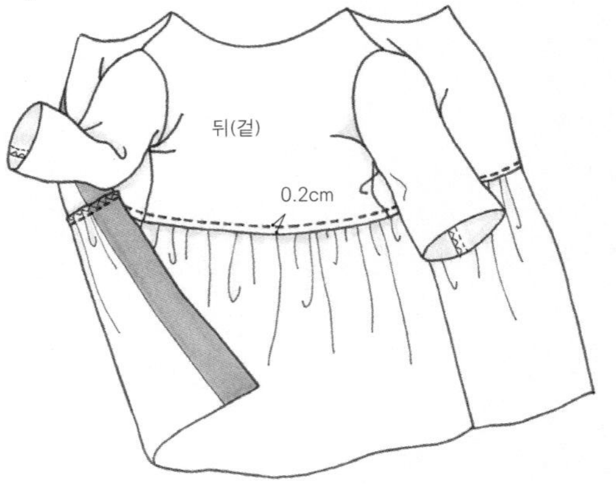

8

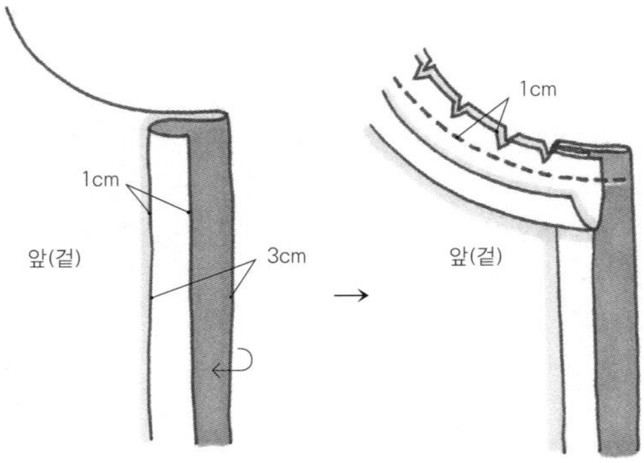

9

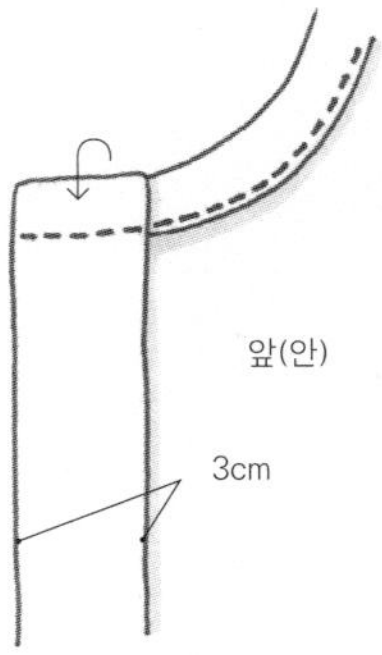

6. 스커트 윗부분의 시접에 홈질을 두 줄 한 후 잡아당겨 주름을 잡는다.
7. 몸판과 스커트를 겉끼리 맞대어 박은 후 시접 2장을 함께 오버로크해서 위로 보낸다. 겉에서 허리선을 따라 0.2cm로 상침한다.
8. 앞 몸판 중심의 시접을 겉으로 꺾어 넘긴다. 목둘레를 따라 폭 3cm의 바이어스를 겉끼리 맞대어 박은 후 곡선 부분의 시접에 가위집을 넣는다.
9. 앞 중심 시접과 바이어스가 만나는 모서리 부분을 안쪽으로 꺾어 뒤집어 주면서 동시에 시접을 바이어스로 감싸 안으로 넘겨 박는다.

10

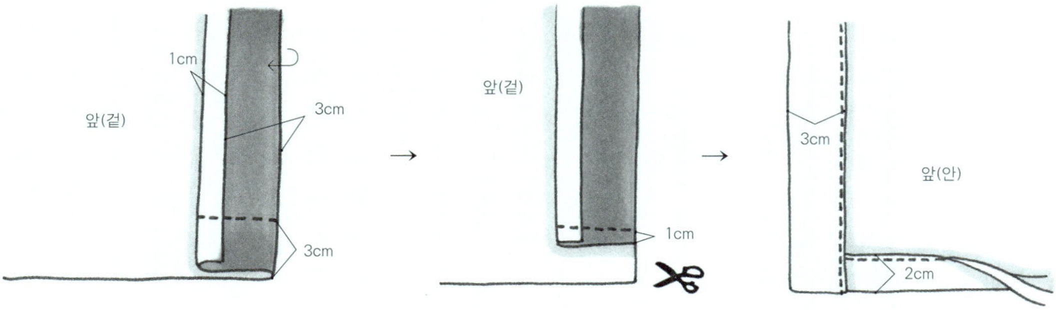

11

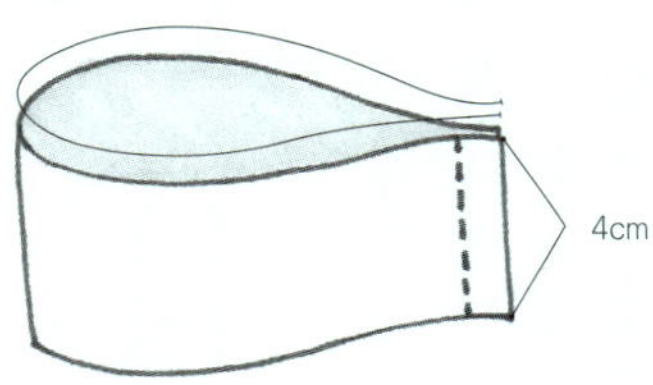

12

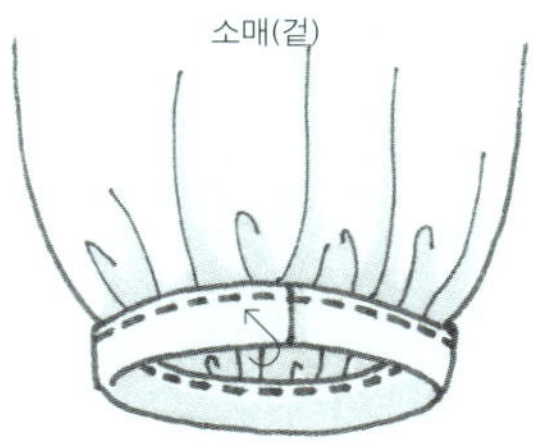

13

10. 앞 스커트 중심의 시접을 겉으로 꺾어 넘긴 후 밑단에서 3cm 위를 박는다. 안쪽으로 들어가는 시접을 1cm 남기고 잘라 낸 후 안쪽으로 뒤집는다. 스커트 밑단을 두 번 접어 다리고 몸판, 스커트 중심 시접과 함께 박아 준다.
11. 폭 4cm, 길이 23/24/25/26cm로 재단한 바이어스를 반으로 접어 박고 시접을 양쪽으로 가른 후 한쪽 둘레를 따라 1cm를 접어 올려 다려 준다.
12. 소매 끝에 주름을 잡고 안쪽에 바이어스의 겉을 맞대어 박은 후 바이어스로 시접을 감싸면서 겉으로 넘겨 박아 준다.
13. 중심단에 단추구멍을 내고 단추를 달아 준다. 스커트 부분의 단추 간격은 6.5/7/7.5/8cm로 한다.

styling cut p.39

앞 오픈 원피스

Open onepiece mom

17

✤ 작업 순서

✤ 실물 패턴

패턴지 B 뒷면

✤ 완성 사이즈

옷 길이 98, 가슴둘레 102, 소매 길이 40cm

✤ 원단 필요량

150cm 폭 코튼 또는 면실크 2마

✤ 부자재

접착심지, 단추(13mm) 11개

✤ 재단 배치도

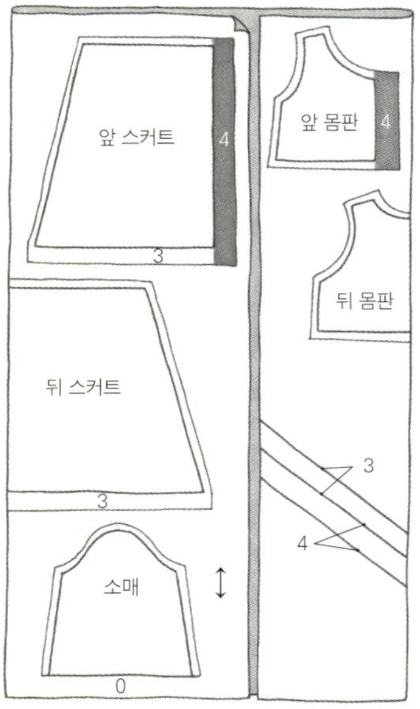

✤ 재단하는 방법

- 앞 몸판 2장, 뒤 몸판 1장, 앞 스커트 2장, 뒤 스커트 1장, 소매 2장, 목둘레와 소매 바이어스를 재단 배치도에 표시된 수치대로 시접을 두고 재단한다.
- 표시하지 않은 곳은 모두 시접 1cm로 재단한다.
- ▬ 는 접착심지를 붙이는 부분이다.

11

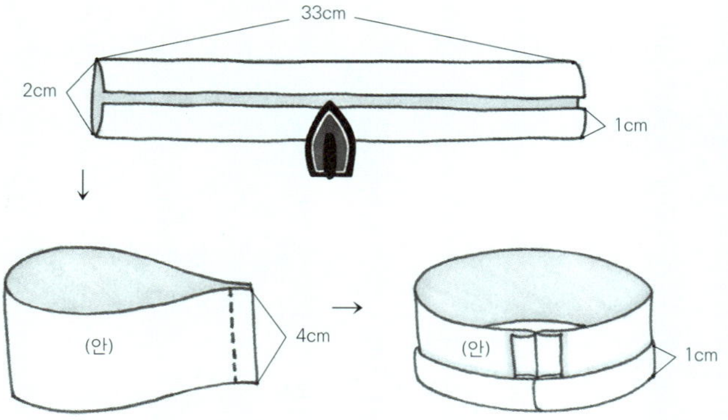

13

✤ 만드는 방법

앞 오픈 원피스 kids와 만드는 방법이 동일하다.
소매 바이어스는 폭 4cm, 길이 33cm로 재단하고, 단추는 11개를 준비해서 중심단에 달아 준다.

styling cut p.40

뒤 오픈 원피스

Back open onepiece mom

18

❖ 실물 패턴

패턴지 B 뒷면

❖ 완성 사이즈

옷 길이 96, 가슴둘레 96, 소매 길이 50cm

❖ 원단 필요량

150cm 폭 린넨 2마

❖ 부자재

접착심지, 단추(15mm) 9개

❖ 재단 배치도

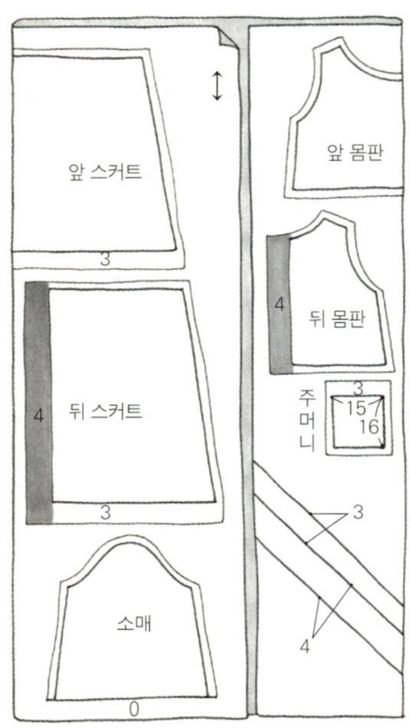

❖ 재단하는 방법

- 앞 몸판 1장, 뒤 몸판 2장, 앞 스커트 1장, 뒤 스커트 2장, 소매 2장, 주머니 2장, 목둘레와 소매 바이어스를 재단 배치도에 표시된 수치대로 시접을 두고 재단한다.
- 표시하지 않은 곳은 모두 시접 1cm로 재단한다.
- ▬는 접착심지를 붙일 부분을 의미한다.
- 실물 패턴에 포함되지 않은 주머니는 15×16cm로 직선 재단한다.

❖ 작업 순서

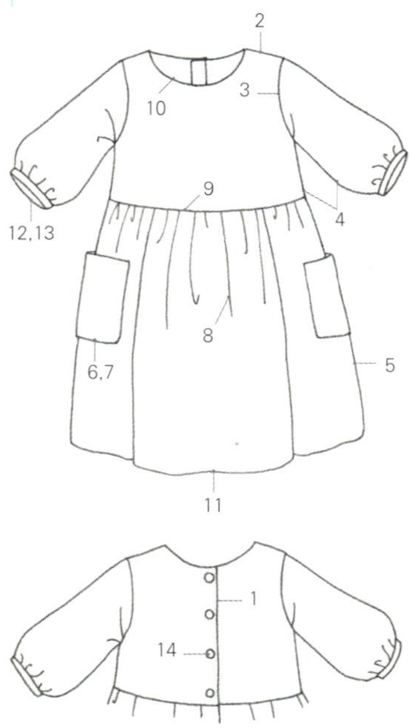

1

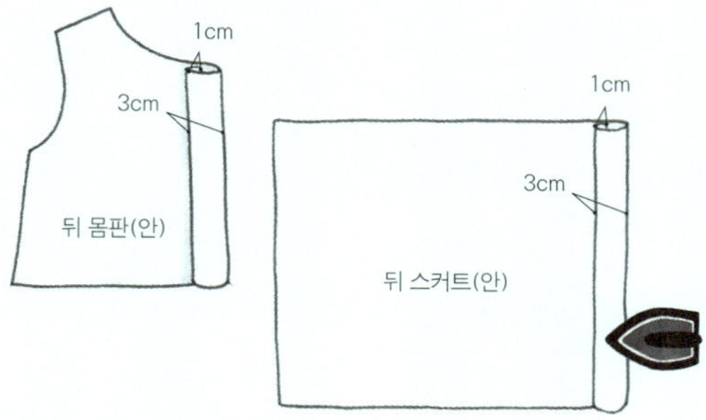

2

3

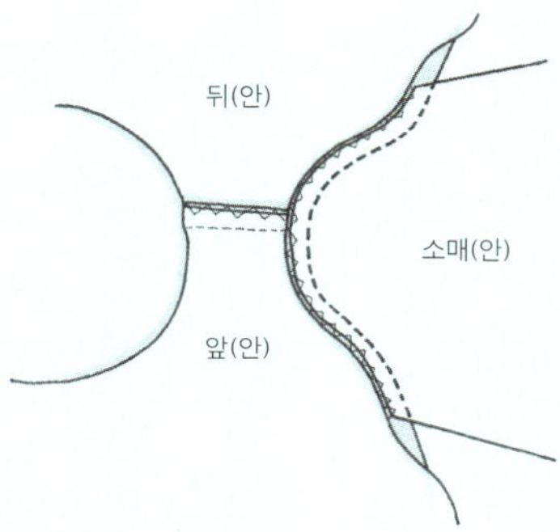

4

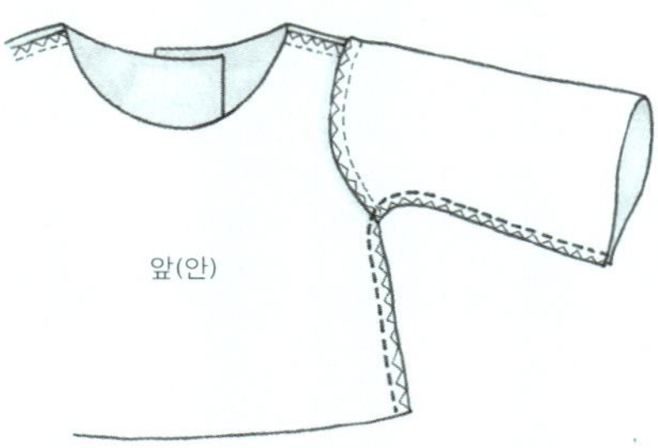

5

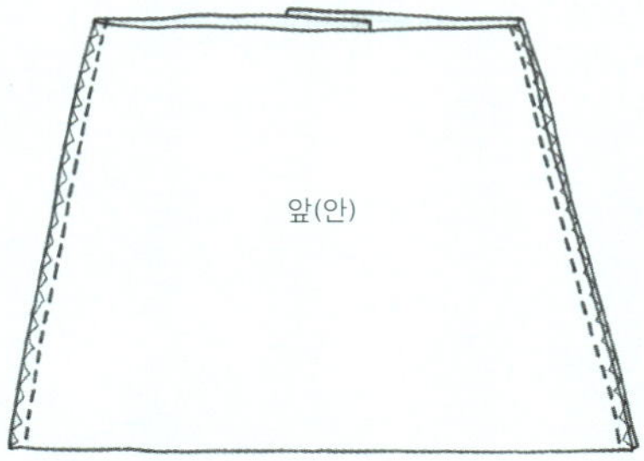

6

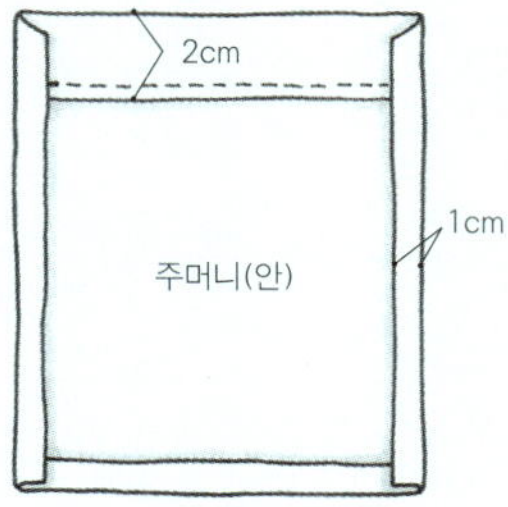

❖ 만드는 방법

1. 뒤 몸판과 뒤 스커트 중심의 시접 안쪽에 접착심지를 붙이고 1cm, 3cm로 두 번 접어 다려 놓는다.
2. 앞 몸판과 뒤 몸판을 겉끼리 맞대어 어깨선을 박은 후 시접 2장을 함께 오버로크해서 뒤쪽으로 보낸다.
3. 몸판과 소매를 겉끼리 맞대어 박고 시접 2장을 함께 오버로크해서 몸판 쪽으로 보낸다.
4. 소매와 몸판의 옆선을 박은 후 시접 2장을 함께 오버로크해서 뒤쪽으로 보낸다.
5. 앞 스커트와 뒤 스커트를 겉끼리 맞대어 옆선을 박고 시접 2장을 함께 오버로크해서 뒤쪽으로 보낸다.
6. 주머니 입구 시접을 1cm, 2cm로 두 번 접어 박고 나머지 시접을 1cm씩 접어 다린다.

7. 주머니를 스커트 옆선의 주머니 위치에 맞춰 박는다.
8. 스커트 윗부분의 시접에 홈질을 두 줄 한 후 잡아당겨 주름을 잡는다.
9. 몸판과 스커트를 겉끼리 맞대어 박은 후 시접 2장을 함께 오버로크해서 위로 보낸다. 겉에서 허리선을 따라 0.2cm로 상침한다.
10. 뒤 몸판 중심의 시접을 겉으로 꺾어 넘긴다. 목둘레를 따라 폭 3cm의 바이어스를 겉끼리 맞대어 박은 후 곡선 부분의 시접에 가위집을 넣는다. 뒤 중심 시접과 바이어스가 만나는 모서리 부분을 안쪽으로 꺾어 뒤집어 주면서 동시에 시접을 바이어스로 감싸 안으로 넘겨 박는다.

7

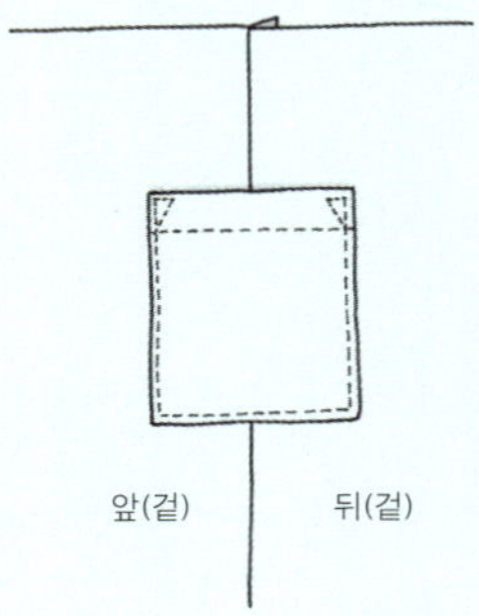

8

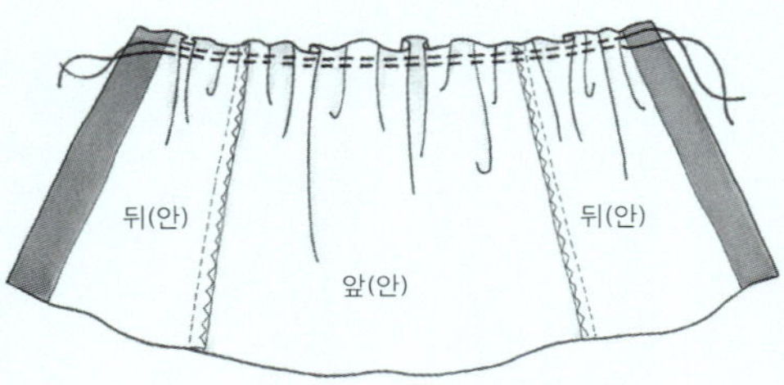

9

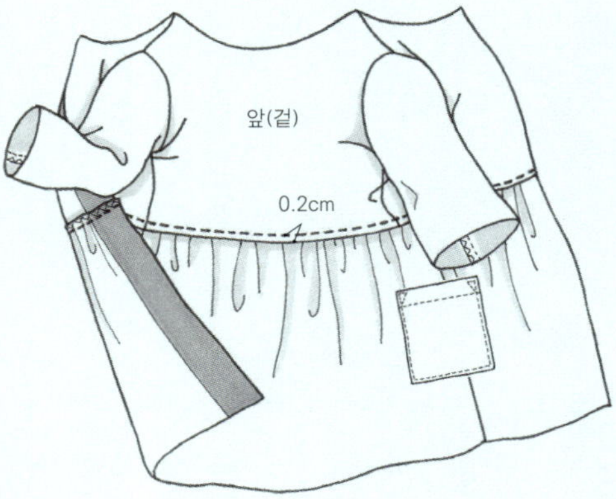

10

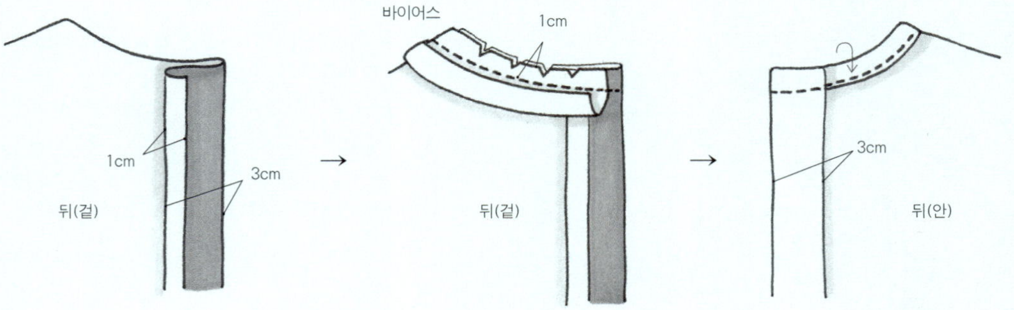

11

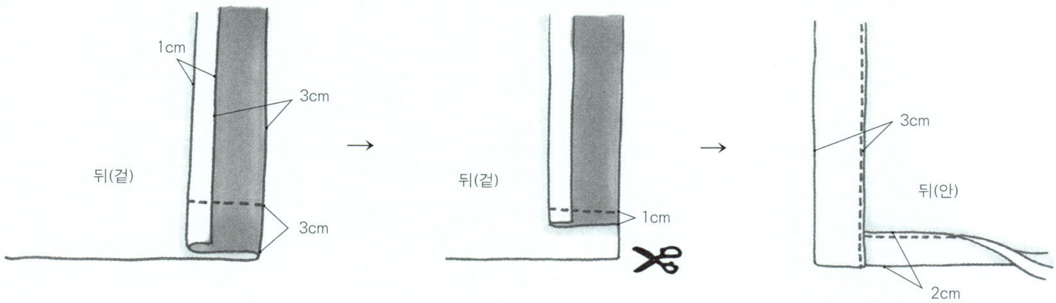

12

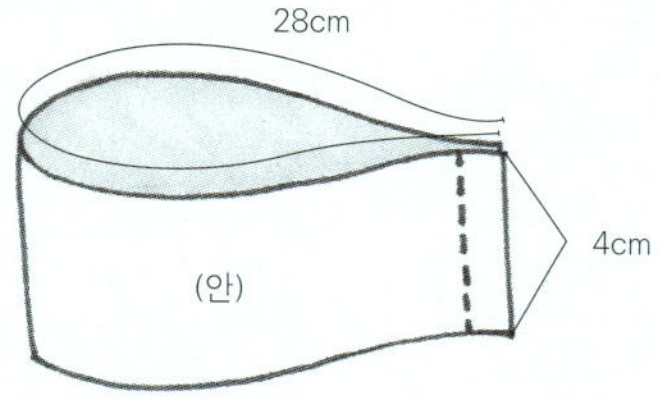

13

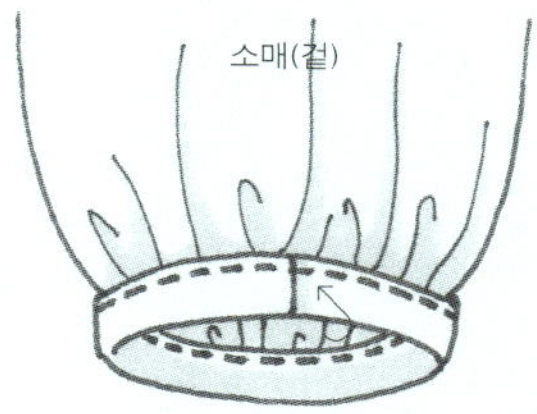

14

11. 뒤 스커트 중심의 시접을 겉으로 꺾고 밑단에서 3cm 위를 박는다. 안쪽으로 들어가는 시접을 1cm 남기고 잘라 낸 후 안쪽으로 뒤집는다. 스커트 밑단을 두 번 접어 다리고 뒤 몸판과 스커트의 중심 시접과 함께 박아 준다.
12. 폭 4cm, 길이 28cm로 재단한 바이어스를 반으로 접어 박고 시접을 양쪽으로 가른 후 한쪽 둘레를 따라 1cm를 접어 올려 다려 준다.
13. 소매 끝에 주름을 잡고 안쪽에 바이어스의 겉을 맞대어 박은 후 바이어스로 시접을 감싸면서 겉으로 넘겨 박아 준다.
14. 중심단에 단추구멍을 내고 단추를 달아 준다.

styling cut p.41

뒤 오픈 원피스

Back open onepiece kids

19

✣ 실물 패턴

패턴지 A 뒷면

✣ 완성 사이즈 (100사이즈 기준)

옷 길이 57, 가슴둘레 62 , 소매 길이 30cm

✣ 원단 필요량

150cm 폭 린넨 2마

✣ 부자재

접착심지, 단추(15mm) 8개

✣ 재단 배치도

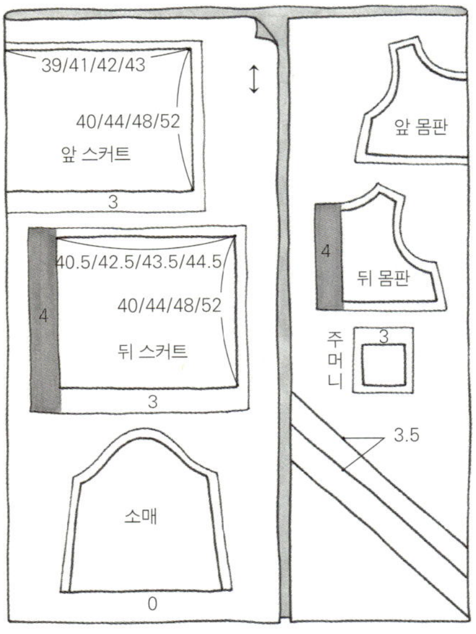

✣ 재단하는 방법

- 앞 몸판 1장, 뒤 몸판 2장, 앞 스커트 1장, 뒤 스커트 2장, 소매 2장, 주머니 2장, 목둘레와 소매 바이어스를 재단 배치도에 표시된 수치대로 시접을 두고 재단한다.
- 표시하지 않은 곳은 모두 시접 1cm로 재단한다.
- ■는 접착심지를 붙일 부분을 의미한다.
- 실물 패턴에 포함되지 않은 앞, 뒤 스커트와 주머니는 다음의 크기로 직선 재단한다.
  앞 스커트: 78×40 / 82×44 / 84×48 / 86×52cm
  뒤 스커트: 40.5×40 / 42.5×44 / 43.5×48 / 44.5×52cm
  주머니: 10×10 / 11×11 / 12×12 / 13×13cm

✣ 작업 순서

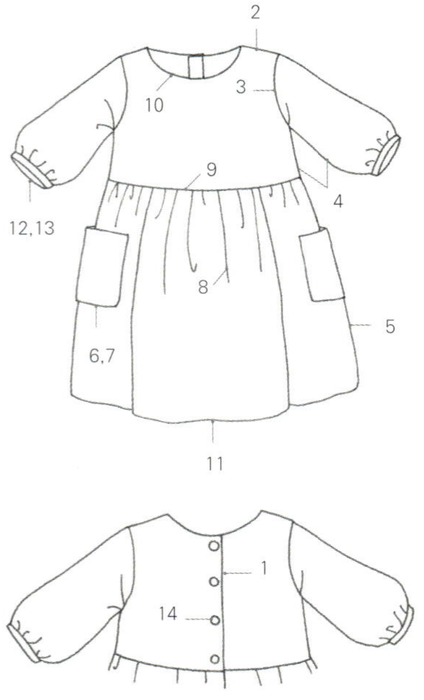

7

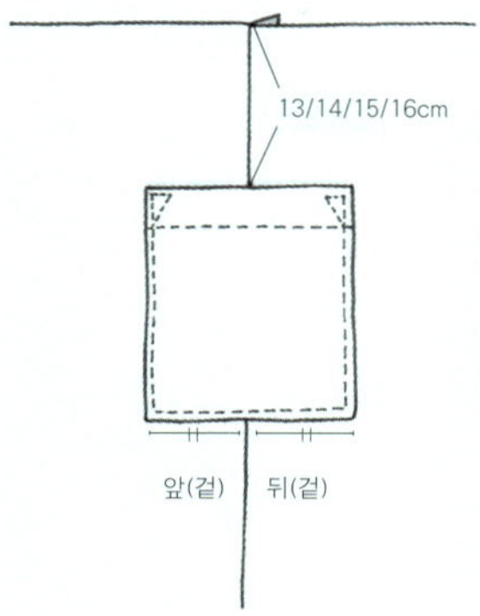

12

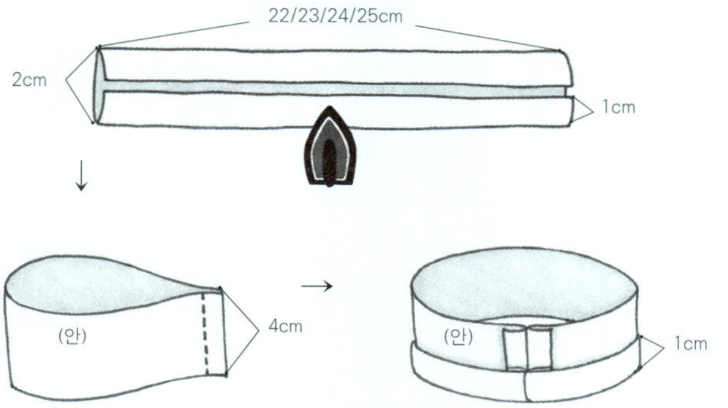

14

❖ 만드는 방법

뒤 오픈 원피스 mom과 만드는 방법이 동일하다.

주머니는 허리선에서 13/14/15/16cm 내려온 지점에 스커트 옆선의 중심에 맞춰 달아 주고 입구 부분을 튼튼하게 박는다.

소매 바이어스는 폭 4cm, 길이 22/23/24/25cm로 재단한다.

단추는 8개를 준비해서 중심단에 달아 주고, 스커트 부분의 단추 간격은 6.5/7/7.5/8cm로 한다.

styling cut p.44

오버롤 원피스

Overall onepiece mom

20

❖ 작업 순서

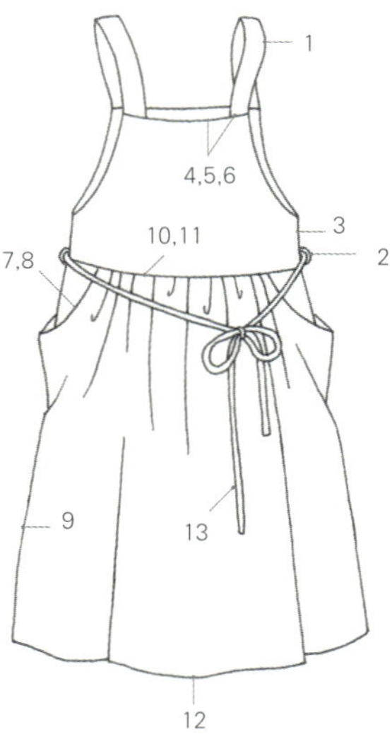

❖ 실물 패턴

패턴지 B 뒷면

❖ 완성 사이즈

옷 길이 115, 허리둘레 104cm

❖ 원단 필요량

150cm 폭 린넨 2마

❖ 부자재

접착심지

❖ 재단 배치도

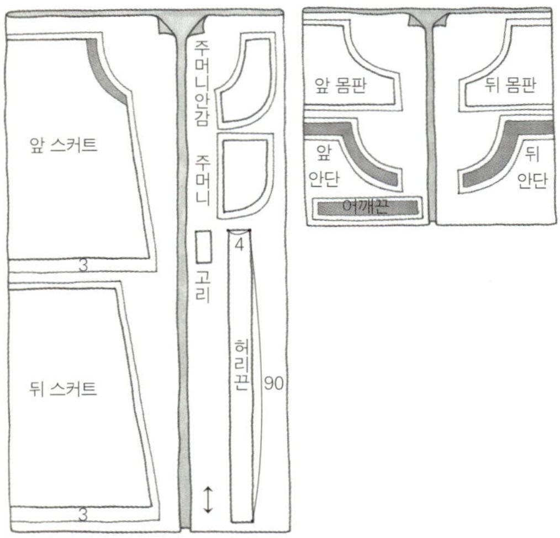

❖ 재단하는 방법

- 앞 몸판 1장, 뒤 몸판 1장, 앞 스커트 1장, 뒤 스커트 1장, 앞 안단 1장, 뒤 안단 1장, 어깨끈 2장, 주머니 2장, 주머니 안감 2장, 허리끈 2장, 허리끈 고리 2장을 재단 배치도에 표시된 수치대로 시접을 두고 재단한다.
- 표시하지 않은 곳은 모두 시접 1cm로 재단한다.
- ▇▇ 는 접착심지를 붙이는 부분이다.
- 실물 패턴에 포함되지 않은 허리끈과 허리끈 고리는 다음의 크기로 직선 재단한다.
  허리끈: 4×90cm(시접 없음)
  허리끈 고리: 2×6cm(시접 없음)

1

✤ 만드는 방법

1. 어깨끈 안쪽에 접착심지를 붙이고 양쪽 시접을 1cm씩 접은 후 다시 반으로 접어 다리고 박는다.
2. 허리끈 고리도 양쪽 시접을 0.5cm씩 접고 다시 반으로 접어 다린 후 박는다.
3. 앞 몸판과 뒤 몸판을 겉끼리 맞대고 옆선에 허리끈 고리를 끼워 넣은 후 박아 준다. 시접 2장을 함께 오버로크해서 뒤쪽으로 보낸다.
4. 앞, 뒤 안단 안쪽에 각각 접착심지를 붙이고 곡선 부분의 시접에 가위집을 넣은 후 접어 다린다. 앞 안단과 뒤 안단을 겉끼리 맞대어 옆선을 박은 뒤 시접을 양쪽으로 갈라 다려 준다.
5. 몸판과 안단을 겉끼리 맞대고 사이에 어깨끈을 끼워 박은 후 곡선 부분의 시접에 가위집을 넣는다.

2

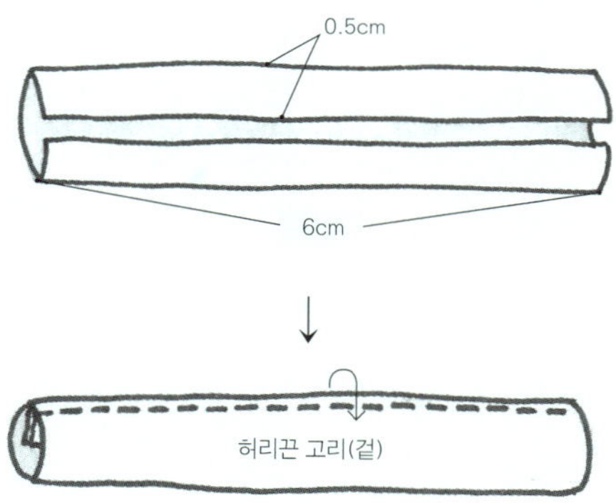

3

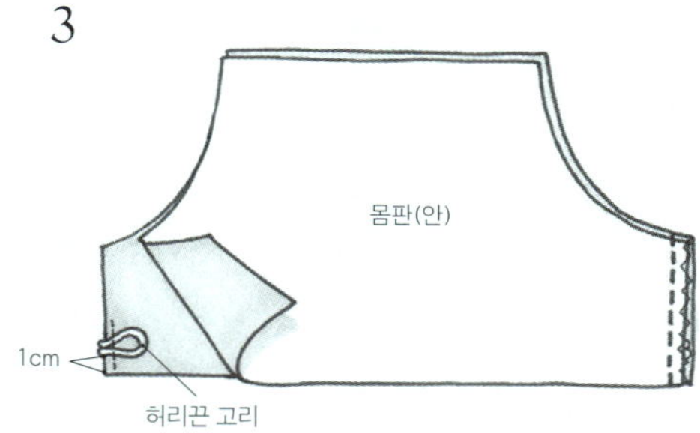

4

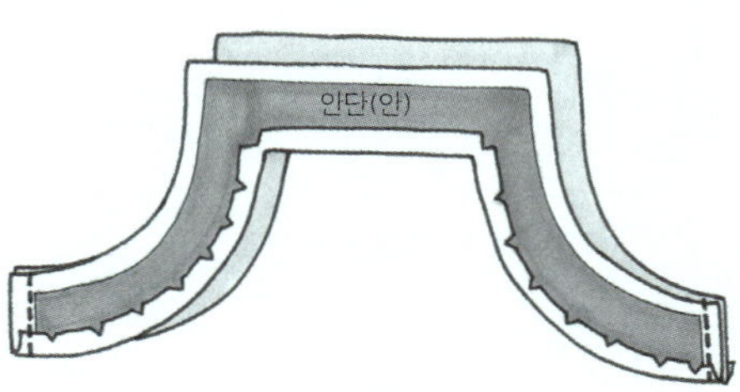

5

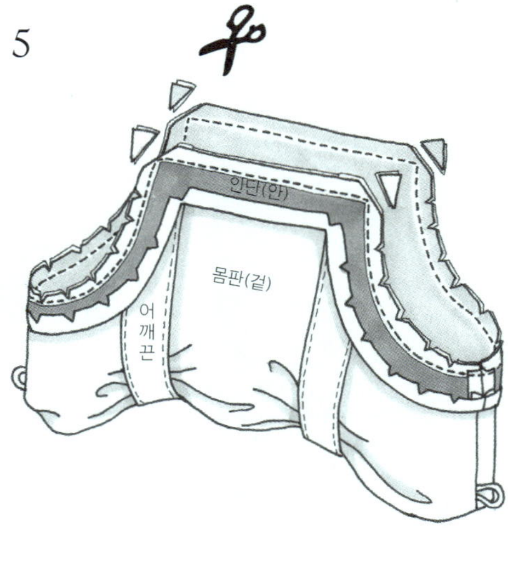

6. 안단을 몸판 안쪽으로 꺾어 넘겨 다린 후 박아서 고정한다.
7. 앞 스커트와 주머니 안감을 겉끼리 맞대어 입구를 박은 후 시접 0.5cm를 남기고 잘라 낸다. 주머니 안감을 스커트 안쪽으로 넘겨 다린 후 겉에서 0.5cm로 상침한다.
8. 스커트 안쪽에서 주머니 안감 위에 주머니를 올려놓고 둘레를 박은 후 시접 2장을 함께 오버로크한다.

6

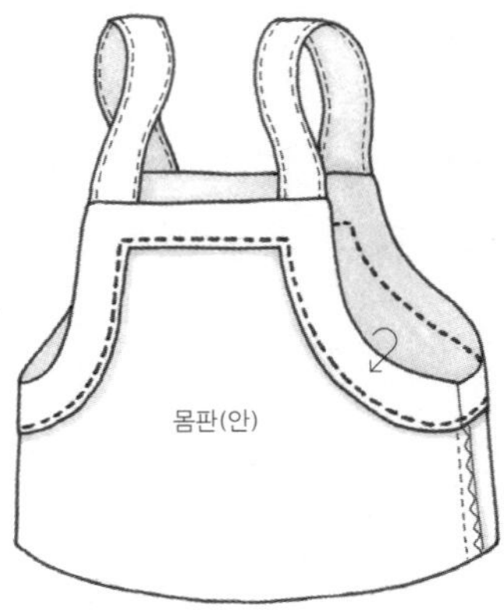

7

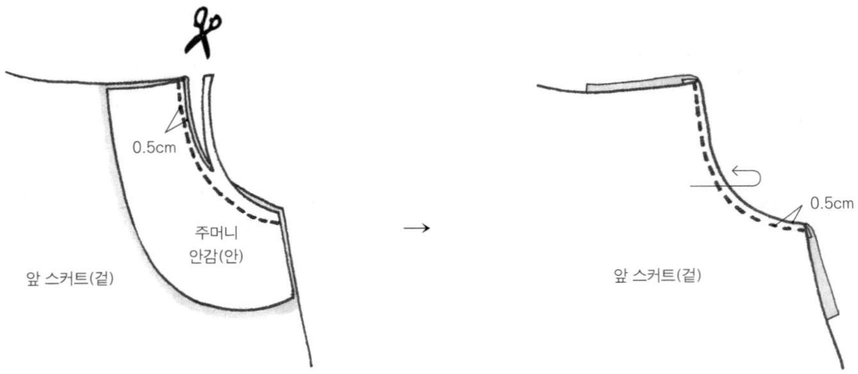

8

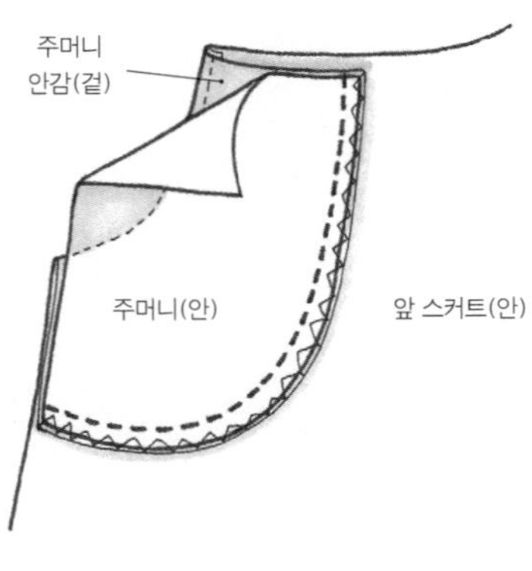

9

10

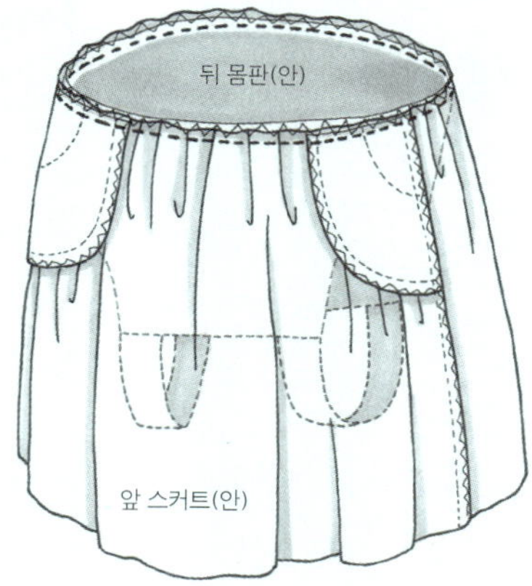

11

12

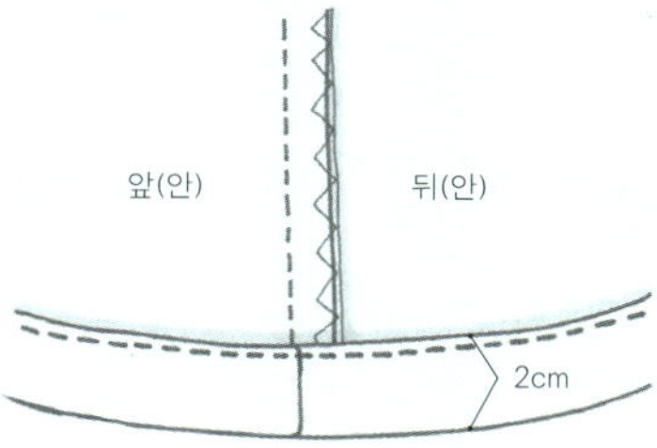

13

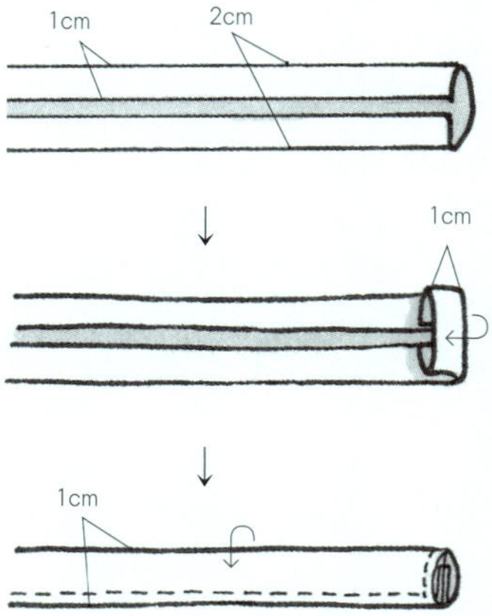

9. 앞 스커트와 뒤 스커트를 겉끼리 맞대어 옆선을 박은 후 주름을 잡는다. 주머니 윗부분에는 주름을 잡지 않는다.
10. 몸판과 스커트를 겉끼리 맞대어 앞, 뒤 중심과 옆선 위치를 맞춘 후 주름을 골고루 나누어 박아 준다.
11. 시접 2장을 함께 오버로크해서 위로 보내고 겉에서 0.2cm로 상침한다.
12. 스커트 밑단을 1cm, 2cm로 두 번 접어 박는다.
13. 허리끈 2장을 길게 연결해서 양쪽 시접을 1cm씩 안으로 접고 다시 반으로 접어 박은 후 허리끈 고리에 끼워 넣는다.

styling cut p.46

퍼프 소매 원피스

Puff sleeve onepiece mom

21

✤ 작업 순서

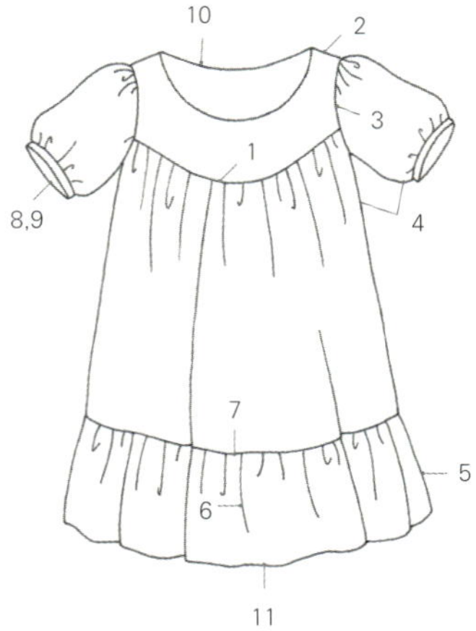

✤ 실물 패턴

패턴지 C 뒷면

✤ 완성 사이즈

옷 길이 94, 가슴둘레 98, 소매 길이 30cm

✤ 원단 필요량

150cm 폭 린넨 2마

✤ 재단 배치도

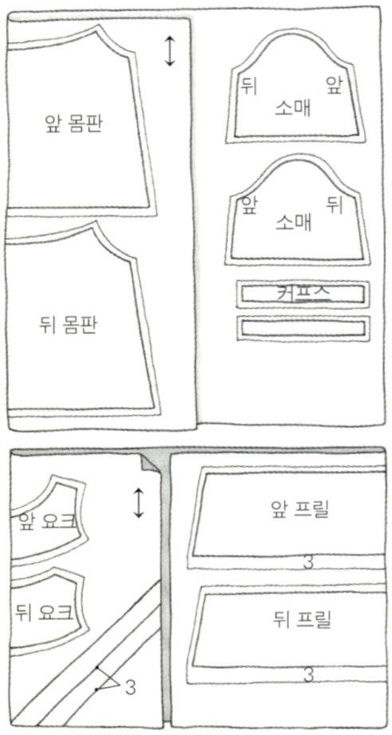

✤ 재단하는 방법

- 앞 요크 1장, 뒤 요크 1장, 앞 몸판 1장, 뒤 몸판 1장, 앞 프릴 1장, 뒤 프릴 1장, 소매 2장, 커프스 2장, 목둘레 바이어스를 재단 배치도에 표시된 수치대로 시접을 두고 재단한다.
- 표시하지 않은 곳은 모두 시접 1cm로 재단한다.

1

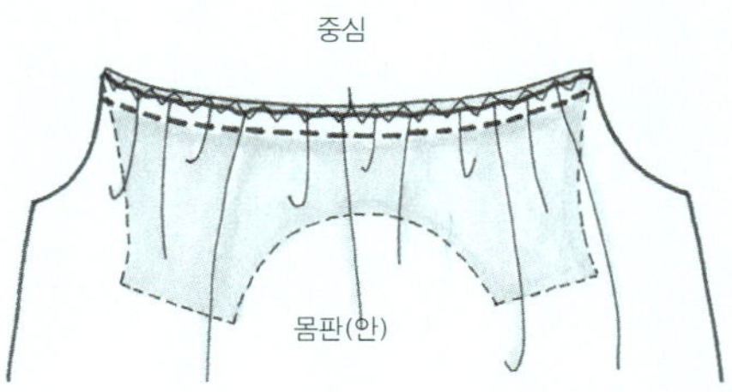

2

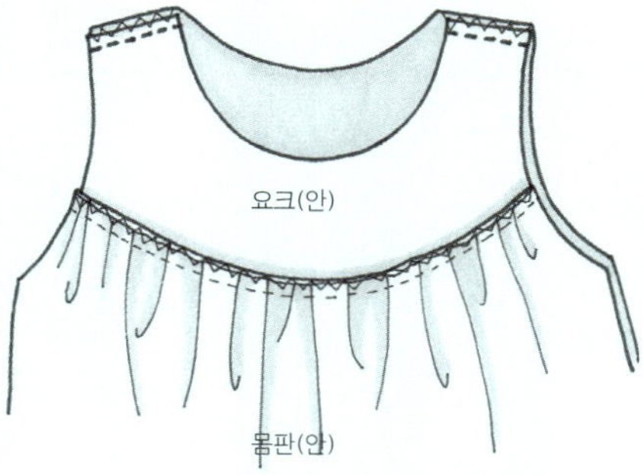

3

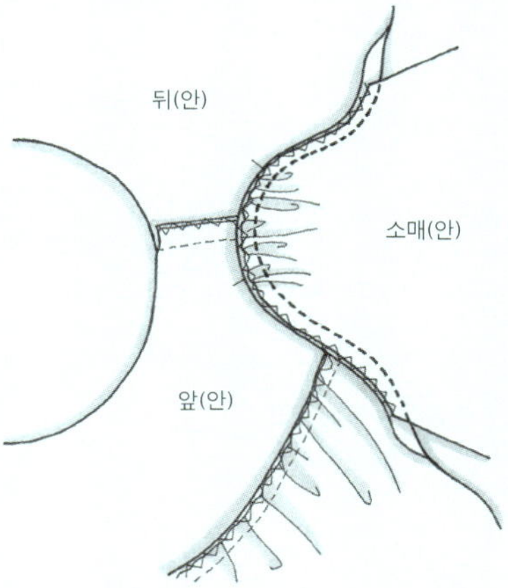

4

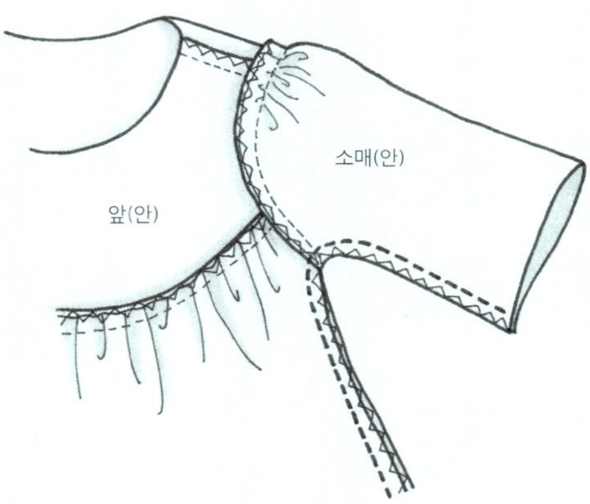

✤ 만드는 방법

1. 앞 몸판의 윗부분에 주름을 잡아 앞 요크와 겉끼리 맞댄 후 앞 중심 위치를 맞춰 주름을 골고루 배분해서 박는다. 시접 2장을 함께 오버로크해서 위로 보내고 겉에서 0.2cm로 상침한다. 뒤 몸판과 뒤 요크도 같은 방법으로 연결한다.
2. 앞 요크와 뒤 요크를 겉끼리 맞대어 어깨선을 박은 후 시접 2장을 함께 오버로크해서 뒤쪽으로 보낸다.
3. 소매의 주름 위치에 주름을 잡은 후 몸판과 겉끼리 맞대어 박는다. 시접 2장을 함께 오버로크해서 몸판 쪽으로 보낸다.
4. 소매와 몸판의 옆선을 박은 후 시접 2장을 함께 버로크해서 뒤쪽으로 보낸다.

5

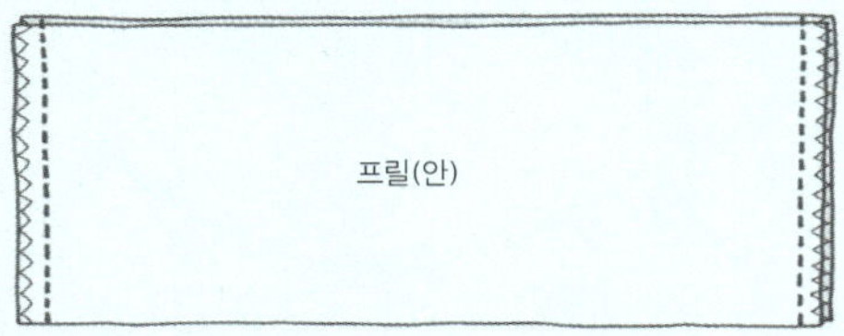

6

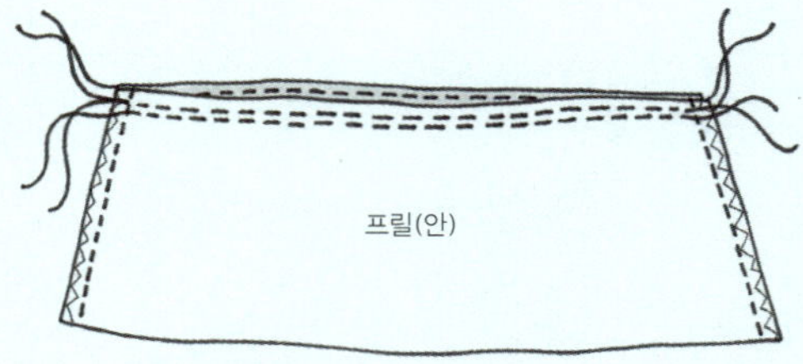

7

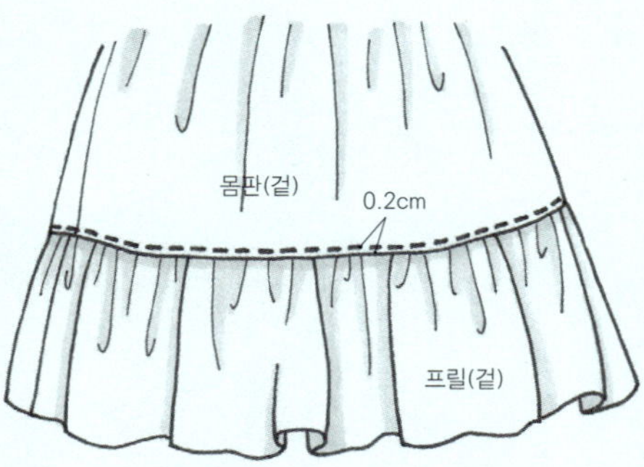

8

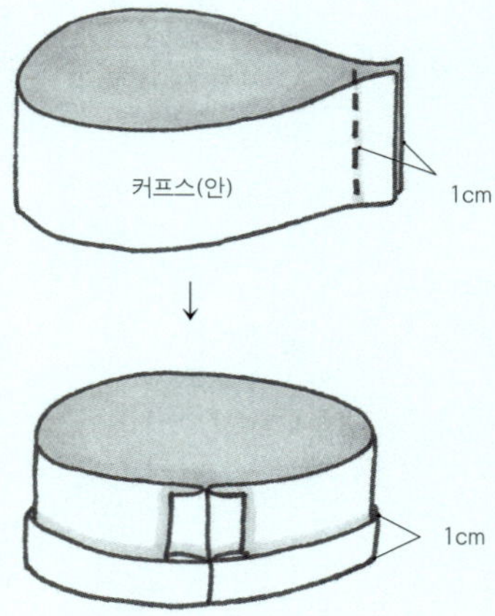

5. 앞 프릴과 뒤 프릴을 겉끼리 맞대어 옆선을 박은 후 시접 2장을 함께 오버로크해서 뒤쪽으로 보낸다.
6. 프릴 윗부분의 시접에 홈질을 두 줄 한 후 잡아당겨 주름을 잡는다.
7. 몸판과 프릴을 겉끼리 맞대어 박고 시접 2장을 함께 오버로크한 후 시접을 위로 보내 겉에서 0.2cm로 상침한다.
8. 커프스를 반으로 접어 박고 시접을 양쪽으로 가른 후 한쪽 둘레를 따라 1cm를 접어 올려 다려 준다.

9

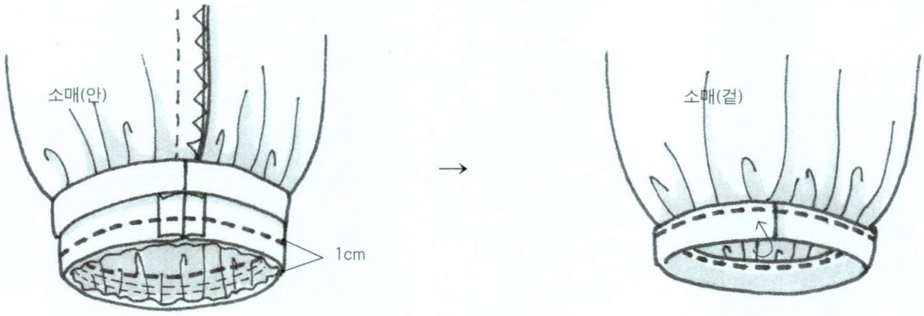

10

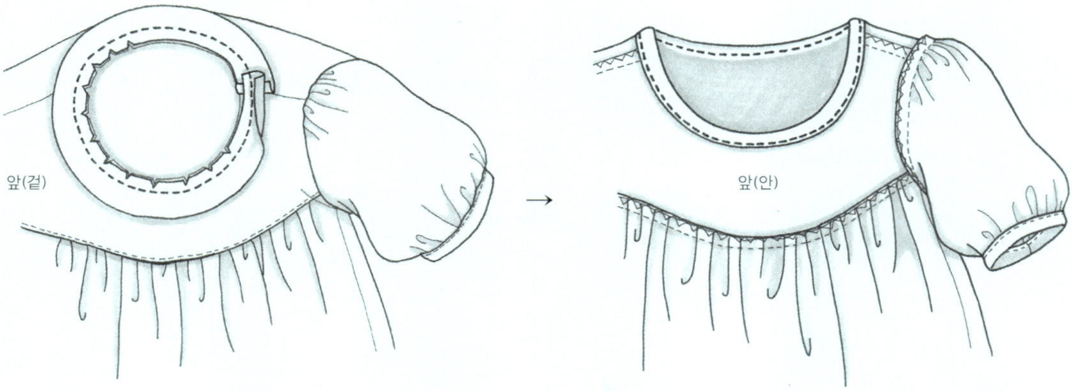

11

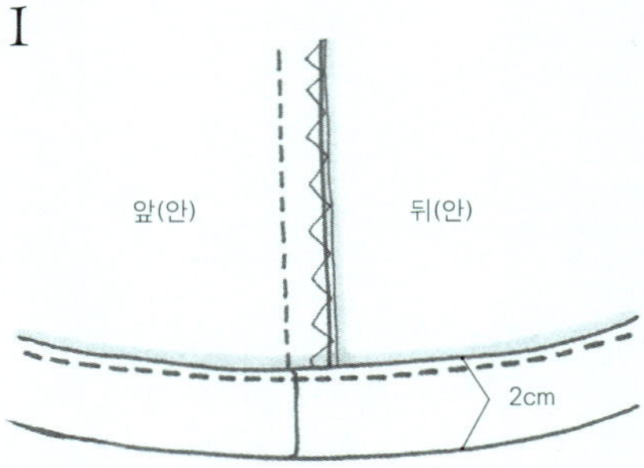

9. 소매 끝에 주름을 잡아 소매 안쪽에 커프스의 겉이 맞닿게 박은 후 시접을 감싸면서 겉으로 넘겨 박아 준다.
10. 목둘레에 폭 3cm의 바이어스를 겉끼리 맞닿게 올려놓고 박은 후 시접에 가위집을 넣는다. 바이어스로 시접을 감싸 안쪽으로 꺾어 다린 후 박아 준다.
11. 프릴 밑단의 시접을 1cm, 2cm로 두 번 접어 다린 후 박는다.

styling cut p.48

레이스 핀턱 원피스

Lace pintuck onepiece mom

22

❖ 작업 순서

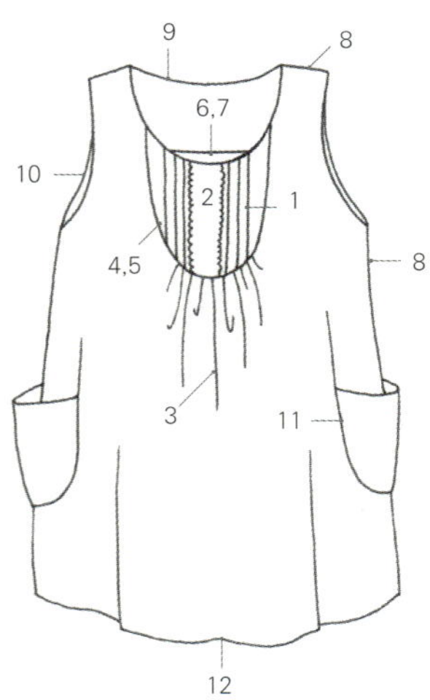

❖ 실물 패턴

패턴지 C 앞면

❖ 완성 사이즈

옷 길이 84, 가슴둘레 102cm

❖ 원단 필요량

150cm 폭 린넨 2마

❖ 부자재

3cm 폭 레이스

❖ 재단 배치도

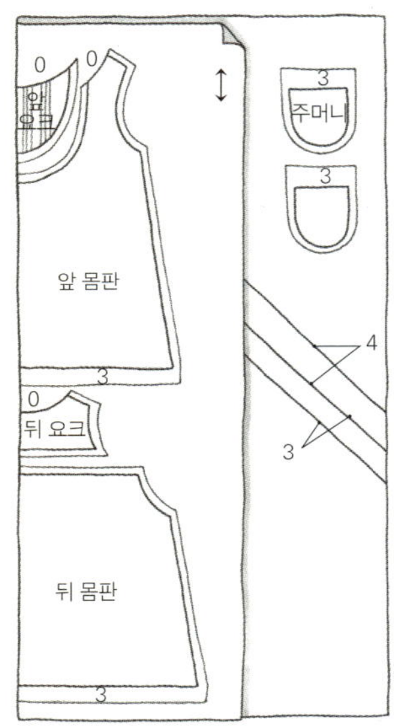

❖ 재단하는 방법

- 앞 몸판 1장, 뒤 몸판 1장, 앞 요크 1장, 뒤 요크 1장, 주머니 2장, 목둘레와 소매 바이어스를 재단 배치도에 표시된 수치대로 시접을 두고 재단한다.
- 표시하지 않은 곳은 모두 시접 1cm로 재단한다.

1

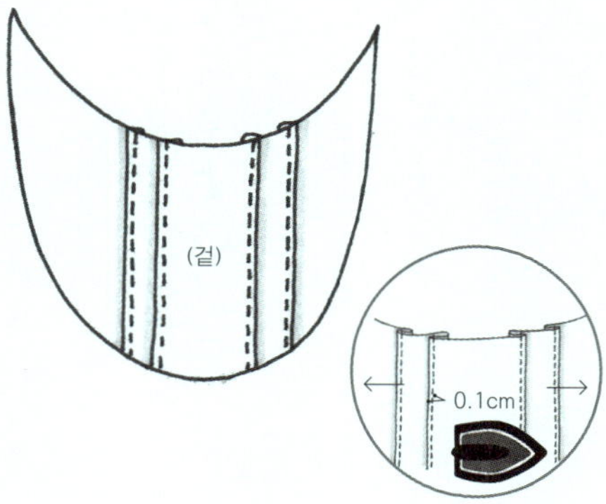

2

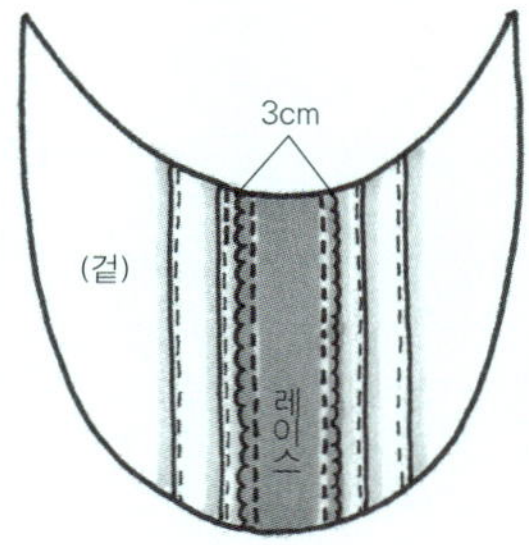

3

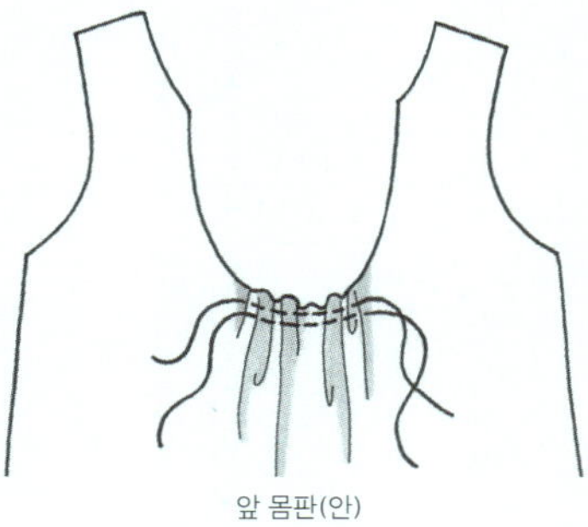

4

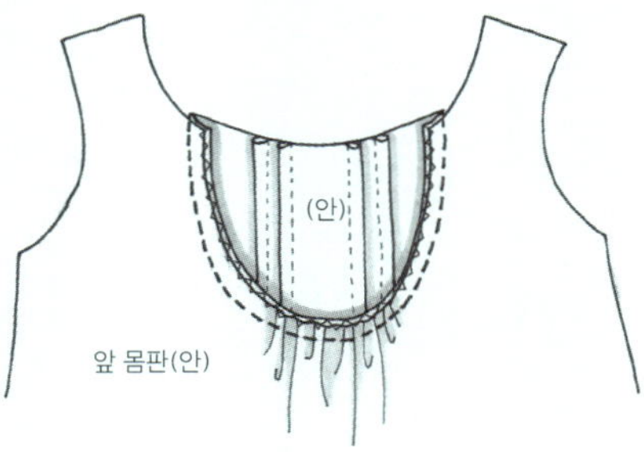

5

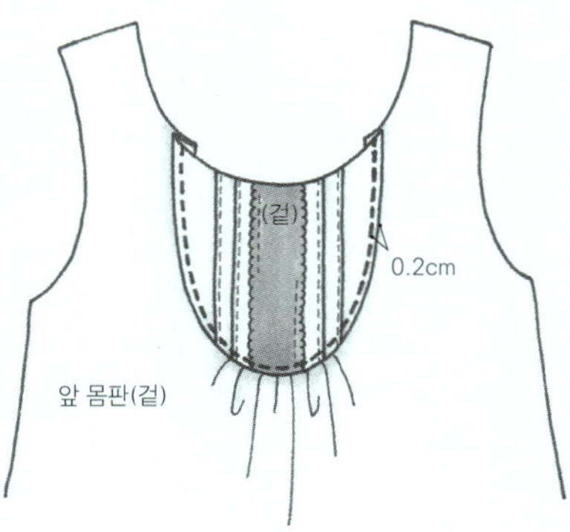

❖ 만드는 방법

1. 앞 요크에 핀턱을 잡아 다린 후 겉에서 0.1cm로 박는다. 핀턱이 가운데를 기준으로 양옆으로 젖혀지도록 방향에 유의하여 다려 준다.
2. 핀턱 중심에 3cm 폭의 레이스를 박는다.
3. 앞 몸판 중심의 주름 위치에 홈질을 두 줄 한 후 잡아당겨 주름을 잡는다.
4. 앞 몸판과 앞 요크를 겉끼리 맞대어 박은 후 시접 2장을 함께 오버로크한다.
5. 시접을 요크 중심 쪽으로 모아 다린 후 겉에서 상침한다.

6

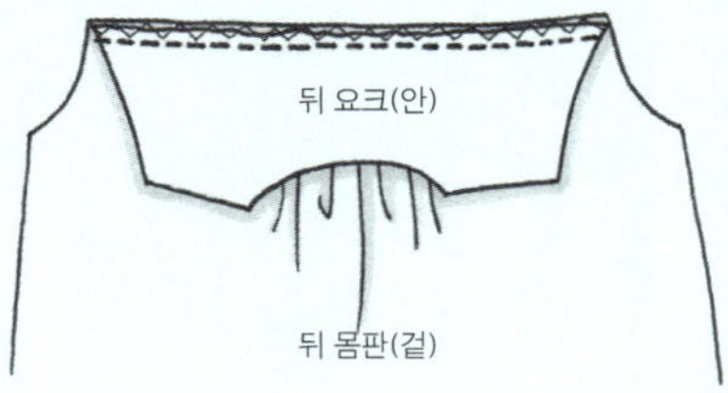

7

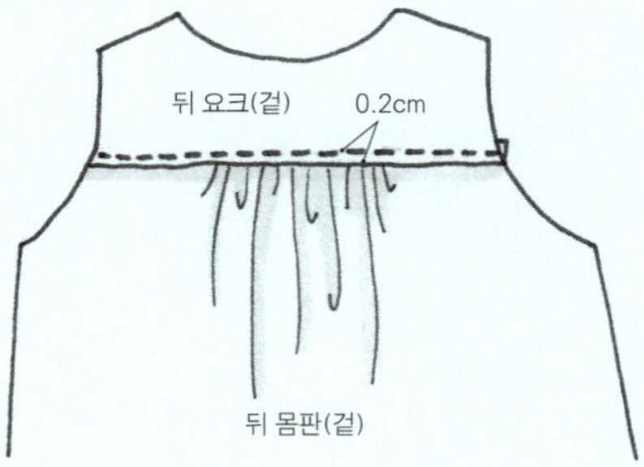

8

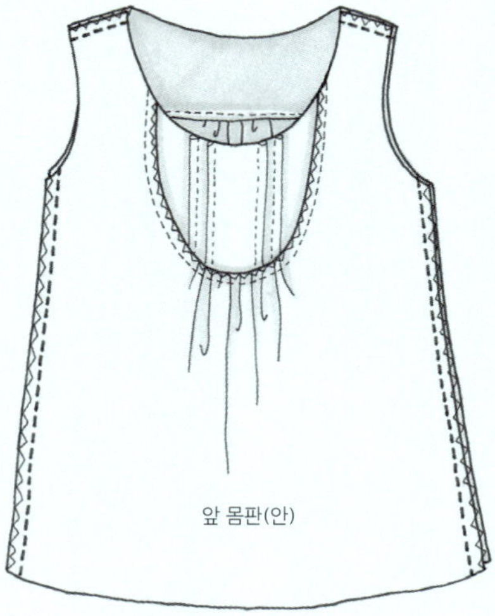

9

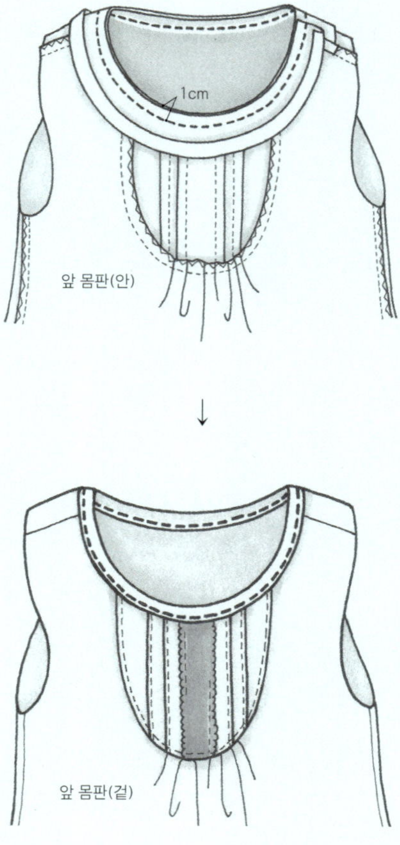

6. 뒤 몸판 중심에 주름을 잡은 후 뒤 요크와 겉끼리 맞닿게 포개어 박아 준다.
7. 시접 2장을 함께 오버로크해서 위쪽으로 보내고 겉에서 0.2cm로 상침한다.
8. 앞 몸판과 뒤 몸판을 겉끼리 맞대고 어깨와 옆선을 박은 후 시접 2장을 함께 오버로크해서 뒤쪽으로 보낸다.
9. 몸판 안쪽에서 목둘레를 따라 폭 4cm의 바이어스를 올려놓고 박은 후 바이어스로 시접을 감싸면서 겉으로 넘겨 박아 준다.

10

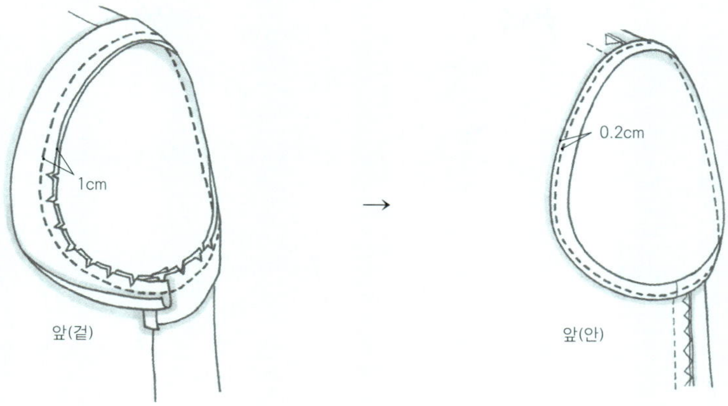

11

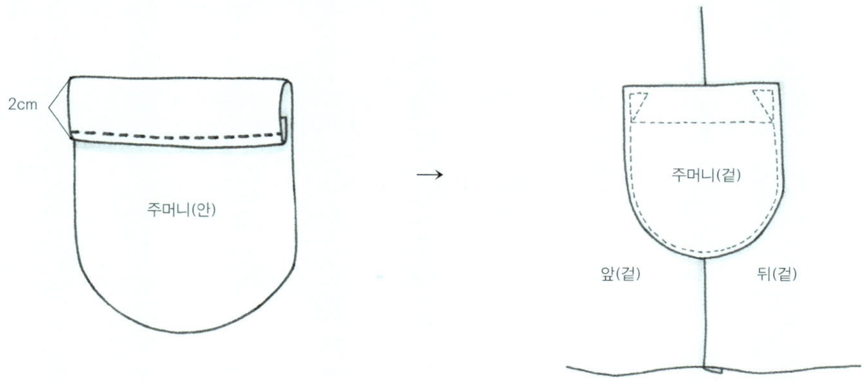

12

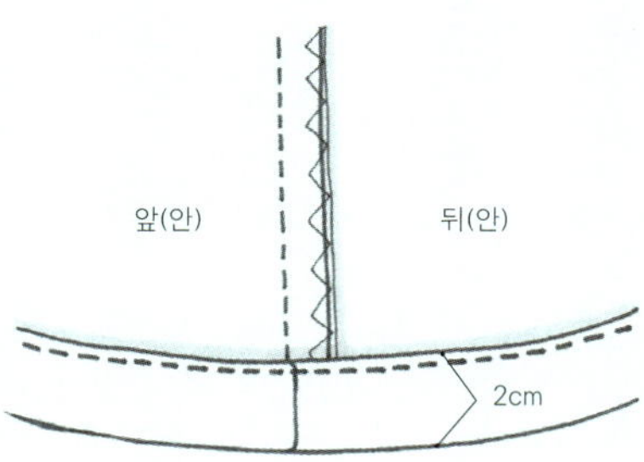

10. 몸판 겉에서 소매 둘레를 따라 폭 3cm의 바이어스를 박은 후 시접을 바이어스로 감싸 안쪽으로 넘겨서 박아 준다.

11. 주머니 입구를 1cm, 2cm로 두 번 접어 박고 나머지 시접을 접어 다린 후 몸판 옆선의 주머니 위치에 맞춰 박는다.

12. 밑단을 1cm, 2cm로 두 번 접어 박는다.

styling cut p.50

래글런 원피스

Raglan onepiece kids

23

✤ 실물 패턴

패턴지 A 뒷면

✤ 완성 사이즈 (100사이즈 기준)

옷 길이 54, 가슴둘레 84, 소매 15cm

✤ 원단 필요량

110cm 폭 코튼 2마

✤ 부자재

0.7cm 폭 고무줄 , 4cm 폭 면 레이스

✤ 재단 배치도

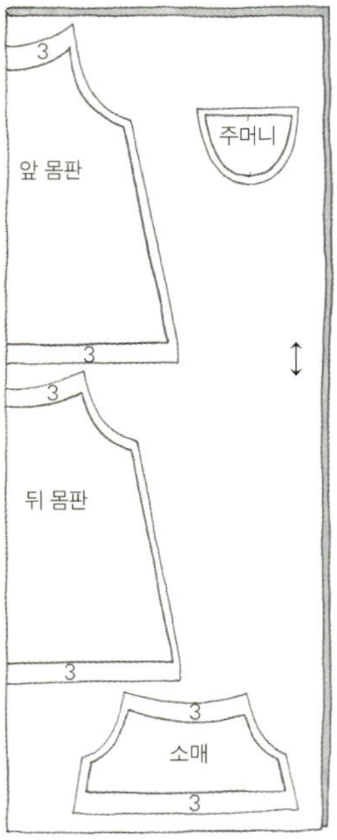

✤ 재단하는 방법

- 앞 몸판 1장, 뒤 몸판 1장, 소매 2장, 주머니 2장을 재단 배치도에 표시된 수치대로 시접을 두고 재단한다.
- 표시하지 않은 곳은 모두 시접 1cm로 재단한다.

✤ 작업 순서

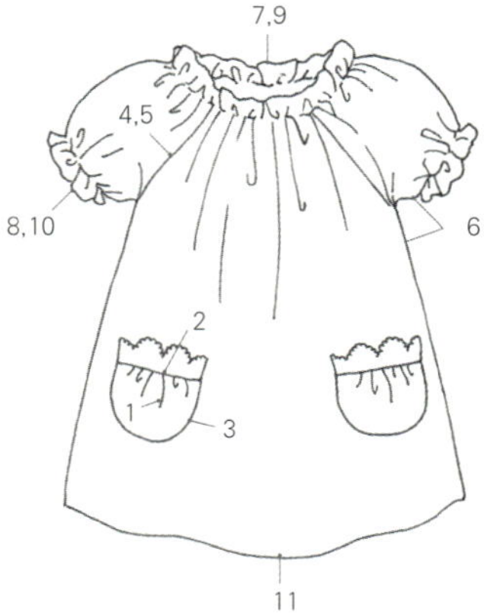

✤ 만드는 방법

1. 주머니 윗부분의 시접에 주름을 잡는다.
2. 폭 4cm의 레이스를 12/13/14/15cm 길이로 재단해서 주머니와 겉끼리 맞대어 박은 후 시접 2장을 함께 오버로크한다. 시접을 위쪽으로 보내 다린 후 겉에서 0.2cm로 상침한다.
3. 주머니 둘레의 시접을 안으로 접어 다린 후 앞 몸판의 주머니 위치에 맞춰 박는다.

1

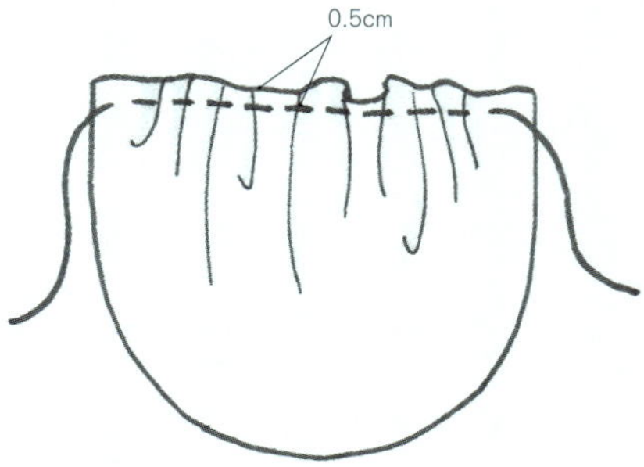

2

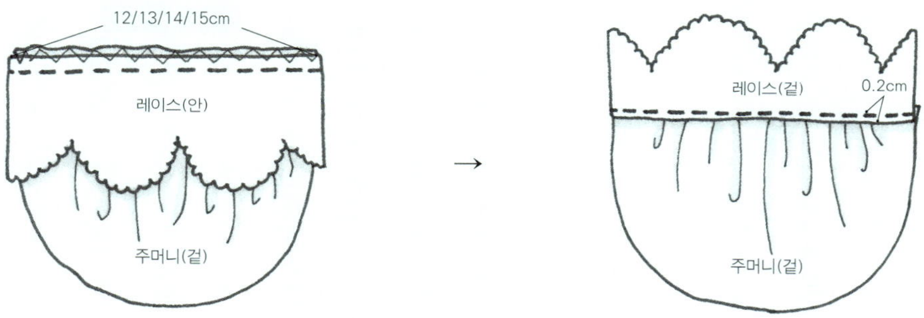

3

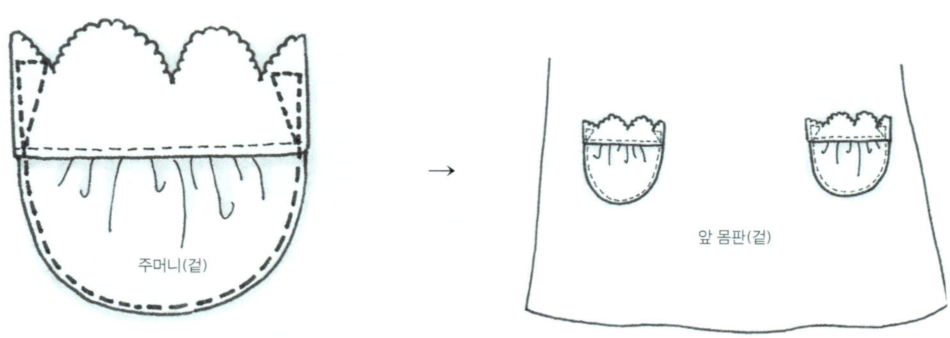

4. 앞 몸판과 소매를 겉끼리 맞대어 진동 둘레를 박은 후 시접 2장을 함께 오버로크해서 몸판 쪽으로 보낸다. 반대편 소매도 같은 방법으로 연결한다.
5. 양쪽 소매와 뒤 몸판을 겉끼리 맞대어 진동 둘레를 박은 후 시접 2장을 함께 오버로크해서 몸판 쪽으로 보낸다.
6. 소매와 몸판의 옆선을 박은 후 시접 2장을 함께 오버로크해서 뒤쪽으로 보낸다.
7. 목둘레의 시접을 1cm, 2cm로 두 번 접어 다린 후 1cm 간격을 띄어 두 줄을 박아 준다. 한 줄은 다 박지 말고 고무줄 넣을 구멍을 남겨 둔다.

4

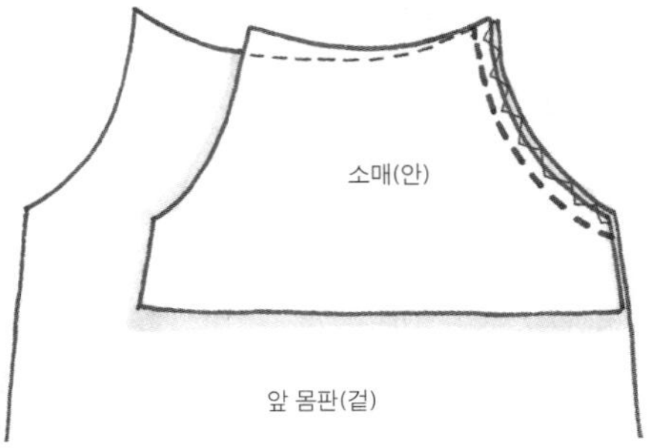

5

6

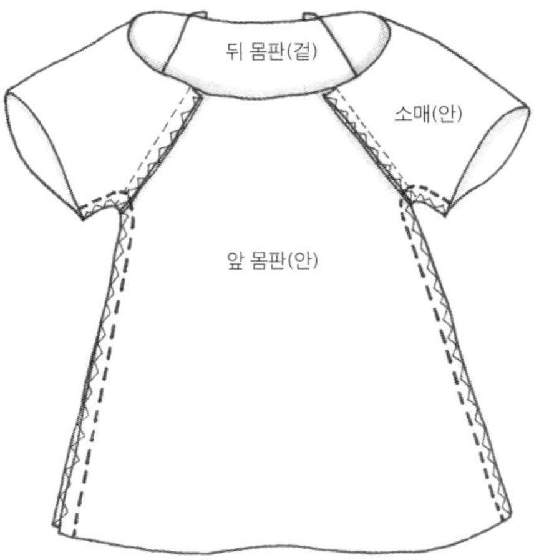

7

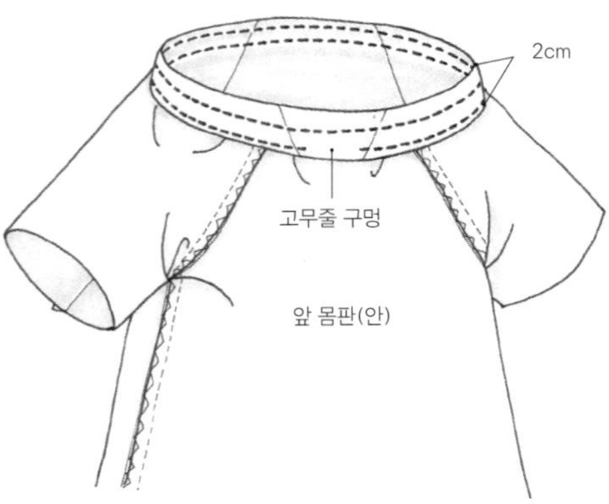

8

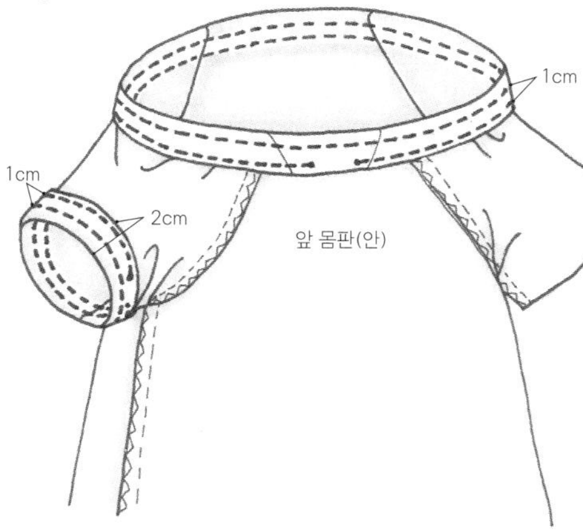

9

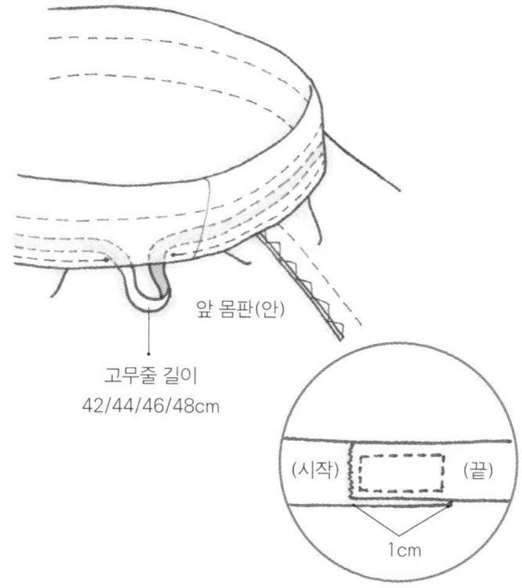

10

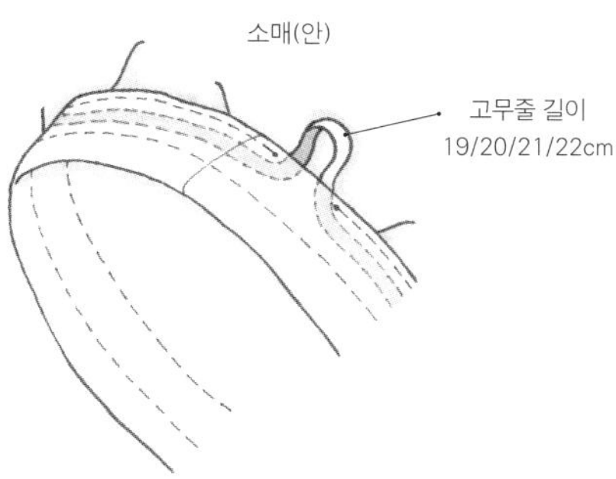

11

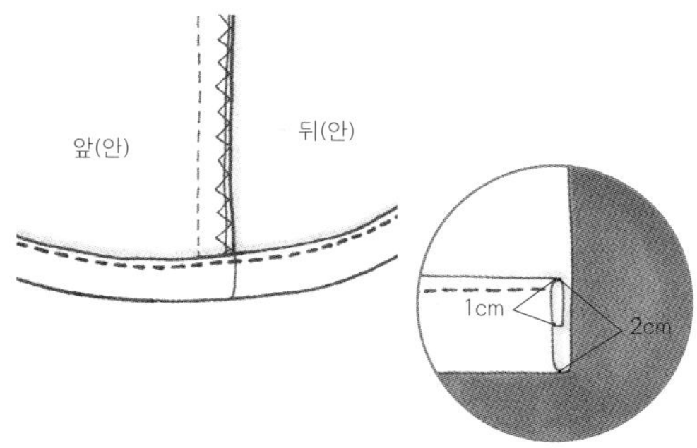

8. 소매둘레의 시접도 1cm, 2cm로 두 번 접어 다린 후 1cm 간격으로 두 줄을 박는다. 한 줄은 다 박지 말고 고무줄 넣을 구멍을 남겨 둔다.
9. 폭 0.7cm의 고무줄을 42/44/46/48cm로 재단해서 목둘레의 구멍 사이로 넣어 통과시킨 후 시작과 끝을 1cm 정도 겹치게 박아 준다.
10. 소매 둘레에도 19/20/21/22cm로 재단한 고무줄을 통과시킨 후 시작과 끝을 1cm 정도 겹치게 박는다.
11. 밑단 시접을 1cm, 2cm로 두 번 접어 다린 후 박는다.

styling cut p.52

래글런 주머니 원피스

Raglan pocket onepiece mom

24

❖ 실물 패턴

패턴지 C 앞면

❖ 완성 사이즈

옷 길이 93, 가슴둘레 114, 소매 길이 23cm

❖ 원단 필요량

150cm 폭 코튼 2.5마

❖ 부자재

접착심지

❖ 재단 배치도

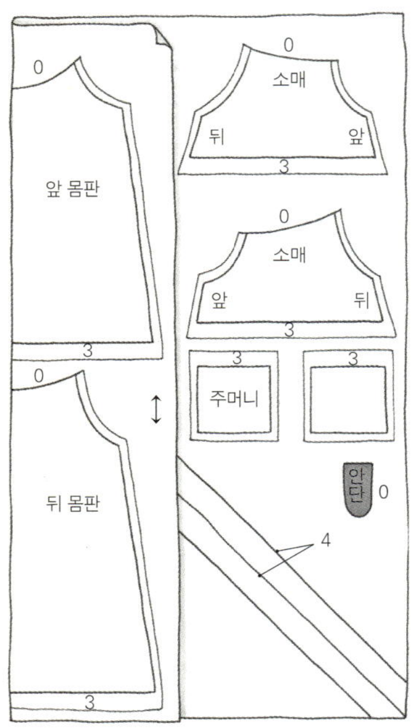

❖ 재단하는 방법

- 앞 몸판 1장, 뒤 몸판 1장, 소매 2장, 주머니 2장, 안단, 바이어스를 재단 배치도에 표시된 수치대로 시접을 두고 재단한다.
- 표시하지 않은 곳은 모두 시접 1cm로 재단한다.
- ▬ 는 접착심지를 붙이는 부분이다.
- 실물 패턴에 포함되지 않은 주머니는 18×18cm로 직선 재단한다.

❖ 작업 순서

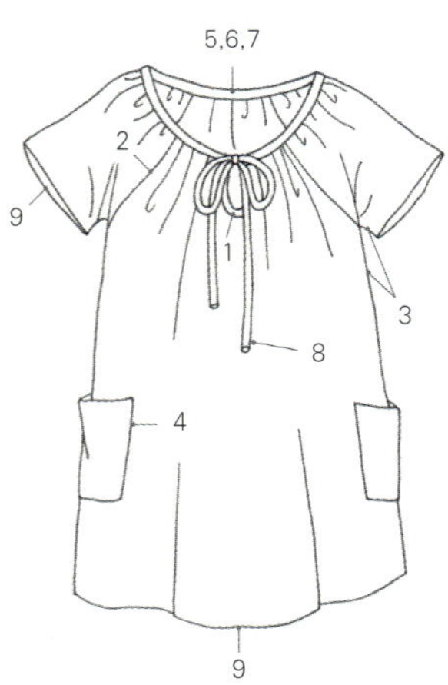

1

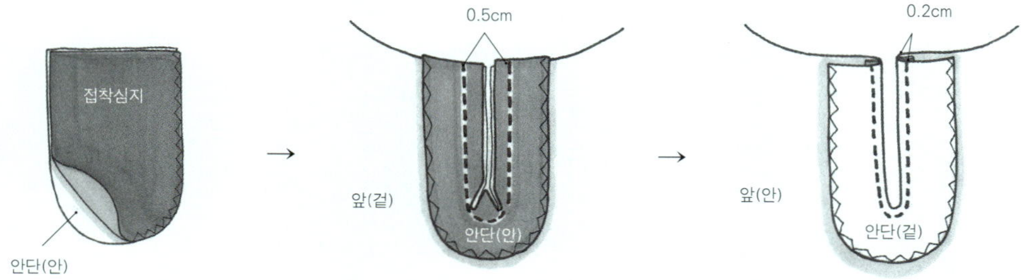

2

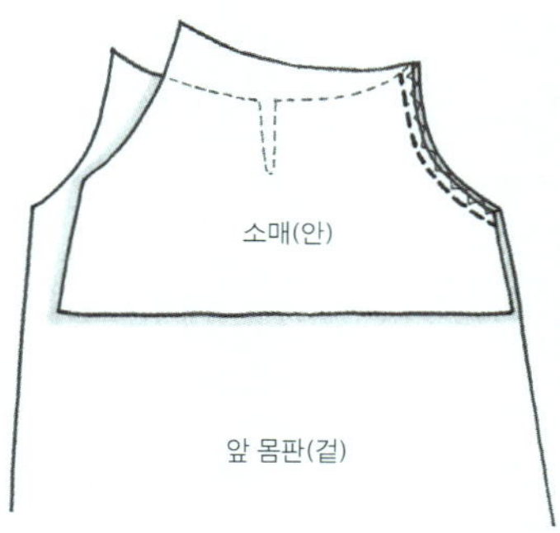

3

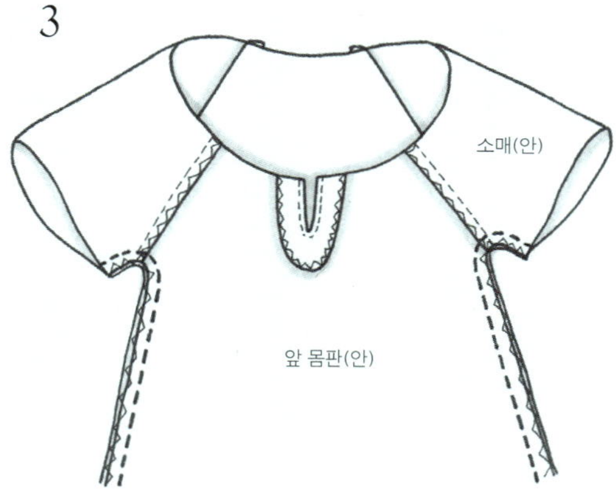

✲ 만드는 방법

1. 안단 안쪽에 접착심지를 붙이고 둘레를 오버로크한 후 앞 몸판 중심에 겉끼리 마주보게 올려놓고 박는다. 가운데 부분을 Y자 모양으로 절개한 후 안단을 몸판 안쪽으로 꺾어 넘겨 박는다.
2. 앞 몸판과 소매를 겉끼리 맞대어 진동 둘레를 박은 후 시접 2장을 함께 오버로크해서 몸판 쪽으로 보낸다. 뒤 몸판도 같은 방법으로 소매와 연결한다.
3. 몸판과 소매의 옆선을 박은 후 시접 2장을 함께 오버로크해서 뒤쪽으로 보낸다.

4

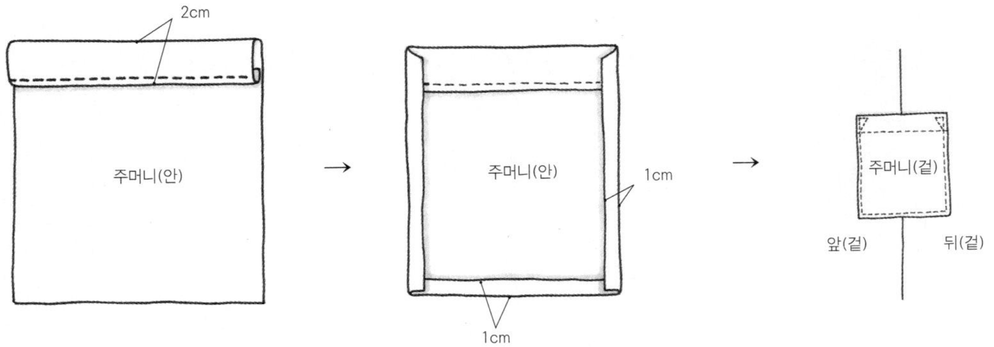

5

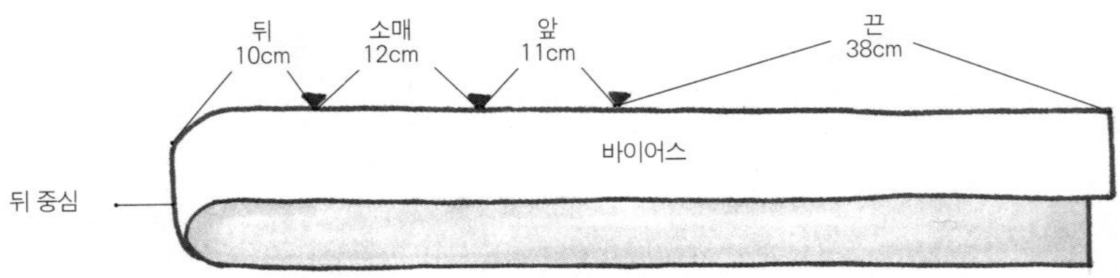

4. 주머니 입구의 시접을 1cm, 2cm로 두 번 접어 박은 후 둘레의 시접을 1cm씩 접어 다린다. 몸판의 주머니 위치에 주머니를 올려놓고 박는다.
5. 폭 4cm, 길이 142cm의 바이어스를 반으로 접어 양쪽에 뒤 몸판, 소매, 앞 몸판, 끈의 연결 위치를 각각 표시한다.

6

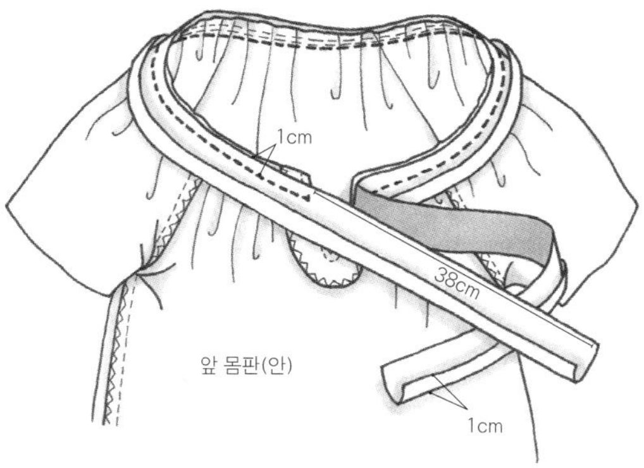

7

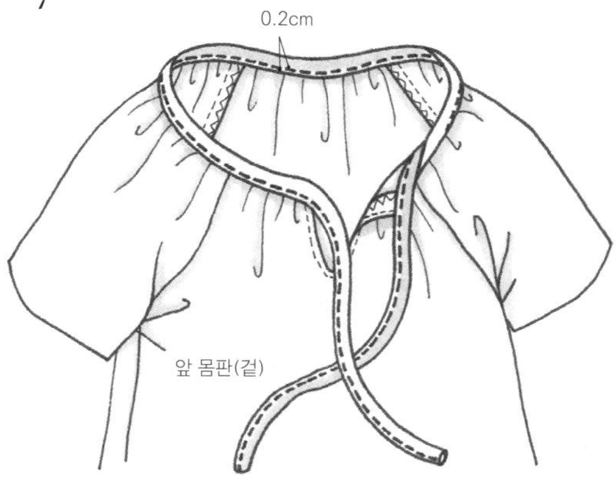

8

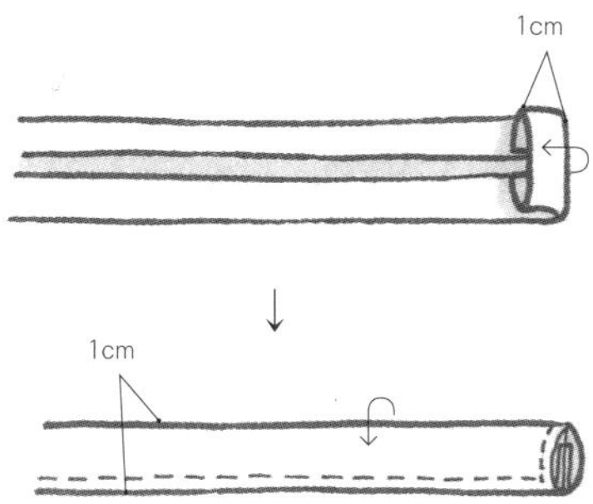

9

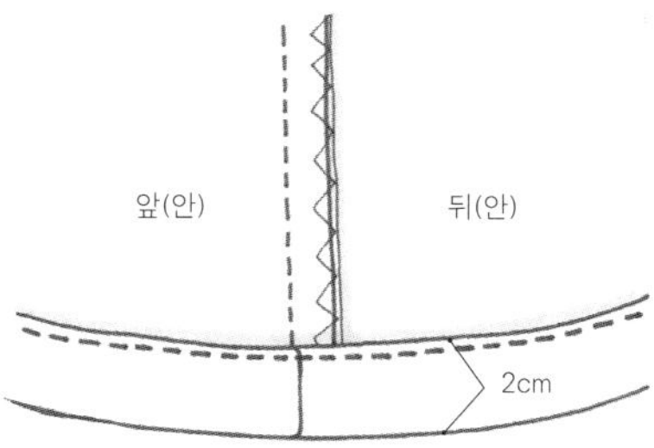

6. 몸판의 목둘레에 주름을 잡아 안쪽에 바이어스를 두르고, 바이어스에 표시해 놓은 연결 부분 위치를 잘 맞춰 박는다.
7. 바이어스로 시접을 감싸면서 겉으로 넘겨 박아 준다.
8. 바이어스 끝은 1cm를 살짝 안으로 접어 넣고 다시 반으로 접어 박아서 깔끔하게 정리한다.
9. 소매와 밑단을 1cm, 2cm로 두 번 접어 박는다.

styling cut p.54

래글런 7부 소매 원피스

Raglan half sleeve onepiece mom

25

✤ 작업 순서

✤ 실물 패턴

패턴지 C 앞면

✤ 완성 사이즈

옷 길이 87, 가슴둘레 114, 소매 길이 45cm

✤ 원단 필요량

150cm 폭 코튼 또는 면실크 2마

✤ 부자재

접착심지, 배색 바이어스

✤ 재단 배치도

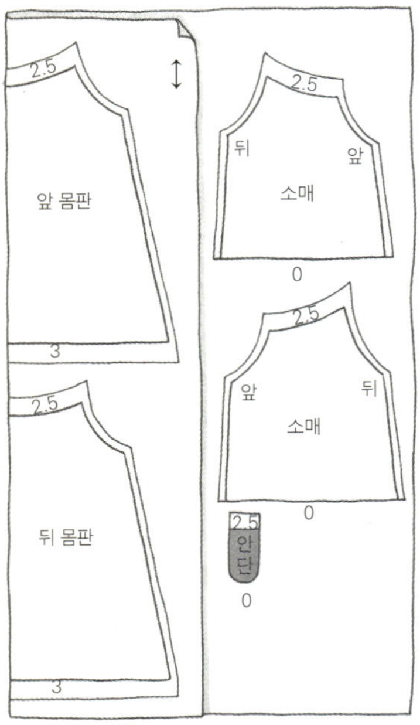

✤ 재단하는 방법

- 앞 몸판 1장, 뒤 몸판 1장, 소매 2장, 안단을 재단 배치도에 표시된 수치대로 시접을 두고 재단한다.
- 표시하지 않은 곳은 모두 시접 1cm로 재단한다.
- ▬ 는 접착심지를 붙이는 부분이다.

4

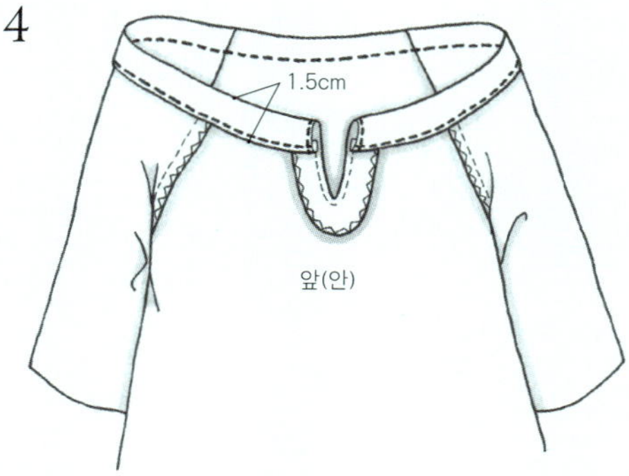

5

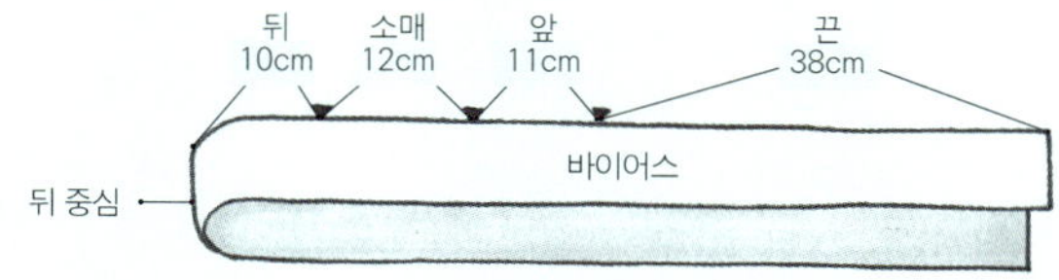

6

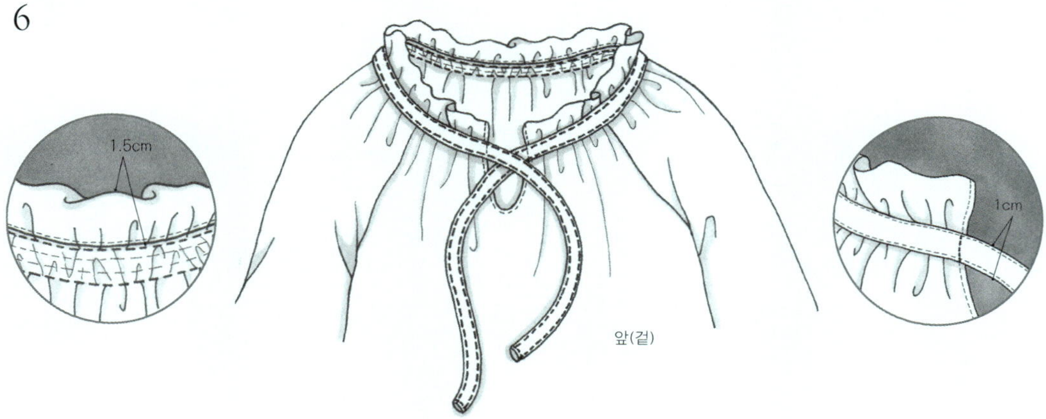

7

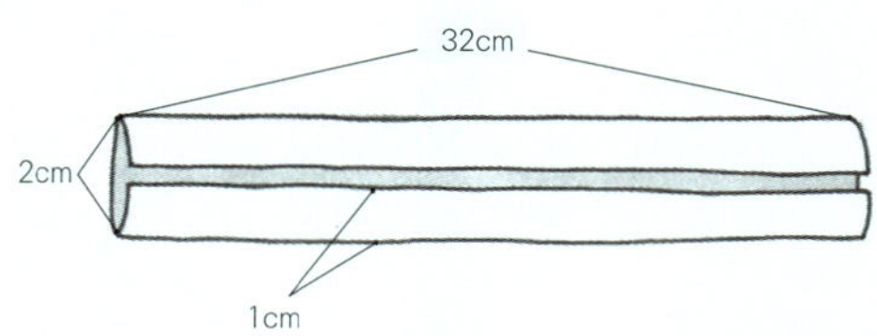

8

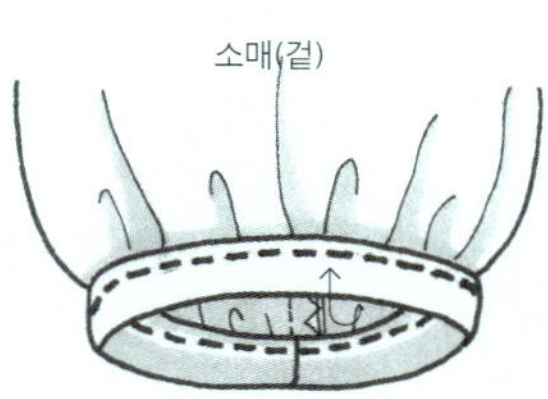

❖ 만드는 방법

1~3의 과정은 래글런 주머니 원피스와 동일하다.

4. 목둘레 시접을 1cm, 1.5cm로 두 번 접어 박는다.
5. 폭 4cm, 길이 142cm의 배색 바이어스를 반으로 접어 양쪽에 뒤 몸판, 소매, 앞 몸판, 끈의 연결 위치를 각각 표시한다.
6. 몸판의 목둘레에 주름을 잡은 후 1.5cm 내려온 지점에 바이어스를 두른다. 바이어스에 표시해 놓은 연결 부분 위치를 잘 맞춰 박는다.
7. 폭 4cm, 길이 32cm의 배색 바이어스를 길게 접어 다린 후 양끝이 맞닿게 반으로 접어 옆선을 박는다.
8. 소매 끝에 주름을 잡아 안쪽에서 바이어스의 겉과 맞대어 박은 후 시접을 바이어스로 감싸면서 겉으로 넘겨 박아 준다.
9. 밑단을 두 번 접어 다린 후 박는다.

styling cut p.56

반 오픈 셔츠 원피스

Semi open shirts onepiece mom

26

✤ 실물 패턴

패턴지 C 뒷면

✤ 완성 사이즈

옷 길이 94, 가슴둘레 102, 소매 길이 47cm

✤ 원단 필요량

150cm 폭 린넨 2마

✤ 부자재

접착심지

✤ 재단 배치도

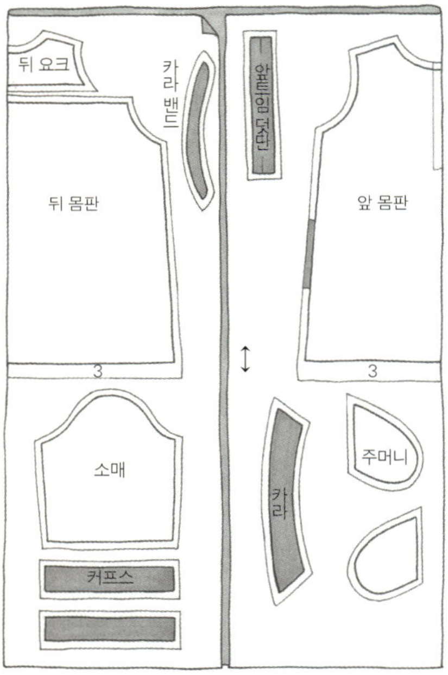

✤ 재단하는 방법

- 앞 몸판 1장, 뒤 몸판 1장, 뒤 요크 1장, 소매 2장, 커프스 4장, 카라밴드 2장, 카라 2장, 앞트임 덧단 2장, 주머니 4장을 재단 배치도에 표시된 수치대로 시접을 두고 재단한다.
- 표시하지 않은 곳은 모두 시접 1cm로 재단한다.
- ▬는 접착심지를 붙이는 부분이다.

✤ 작업 순서

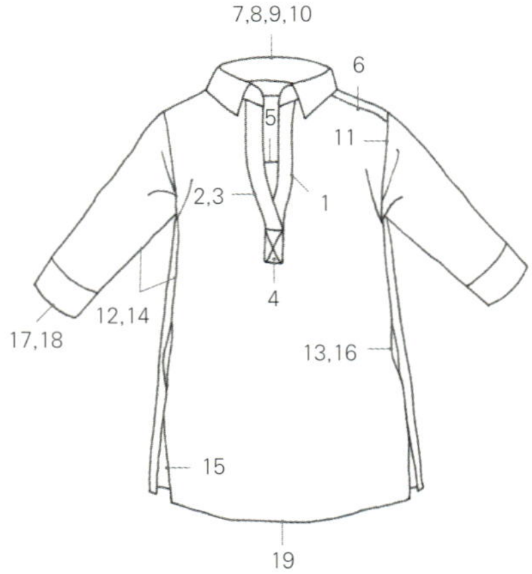

1

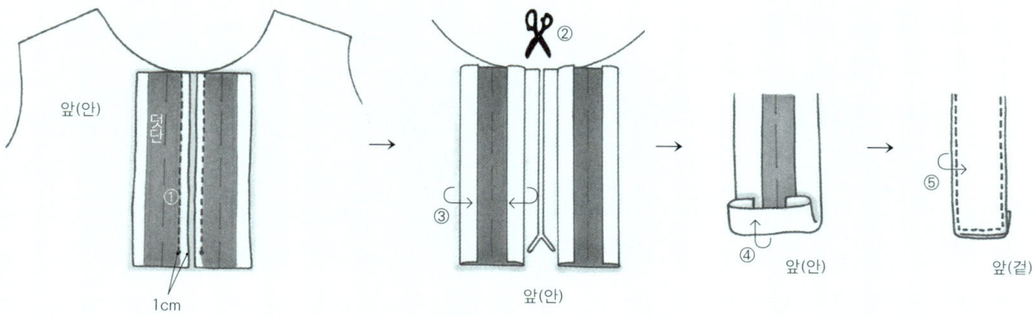

2

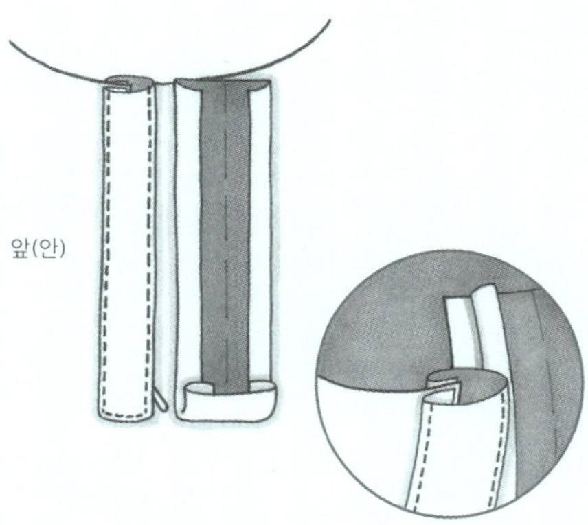

3

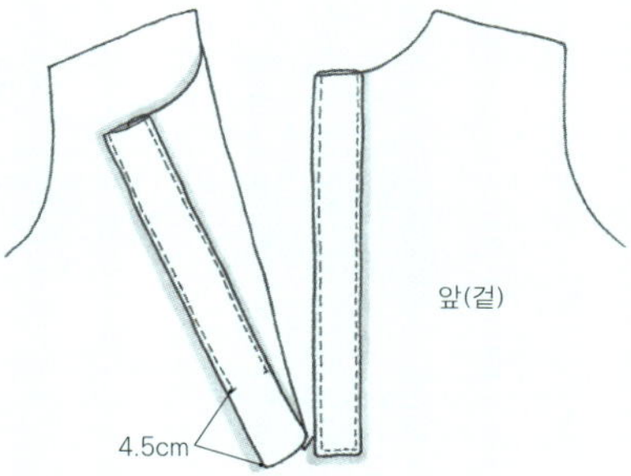

4

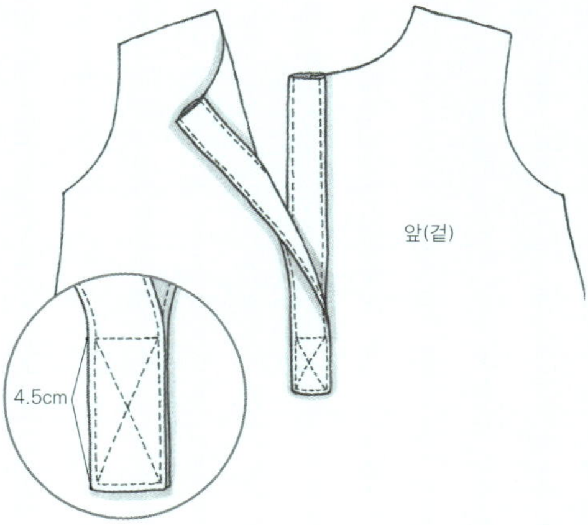

✿ 만드는 방법

1. 앞 몸판 안쪽의 중심에 접착심지를 붙인 앞트임 덧단을 겉끼리 맞닿게 올려놓고 박는다. 중심을 Y자로 절개하고 한쪽 앞 중심을 덧단으로 감싸 겉으로 넘긴 후 박는다. 4단 바이어스 하듯이 절개한 곳 겉쪽으로 넘긴다.
2. 다른 쪽도 같은 방법으로 덧단으로 감싸 겉으로 넘긴다.
3. 덧단이 겹쳐지는 부분을 빼고 박는다.
4. 앞트임이 겹쳐지는 부분을 ×자로 튼튼하게 박는다.

5

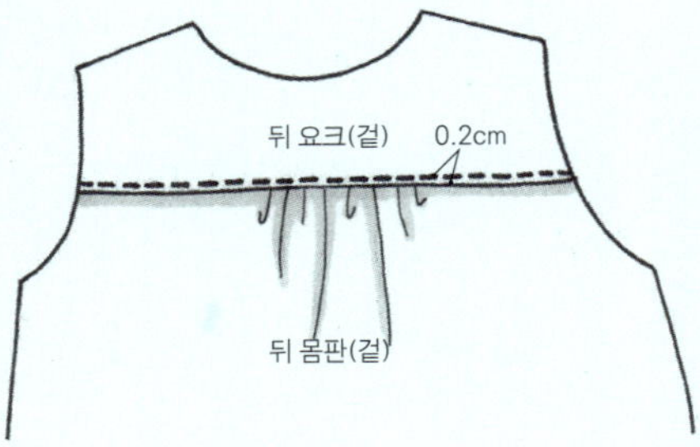

6

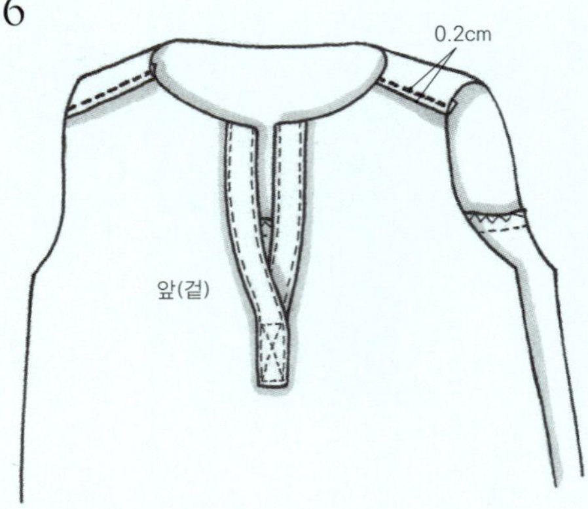

7

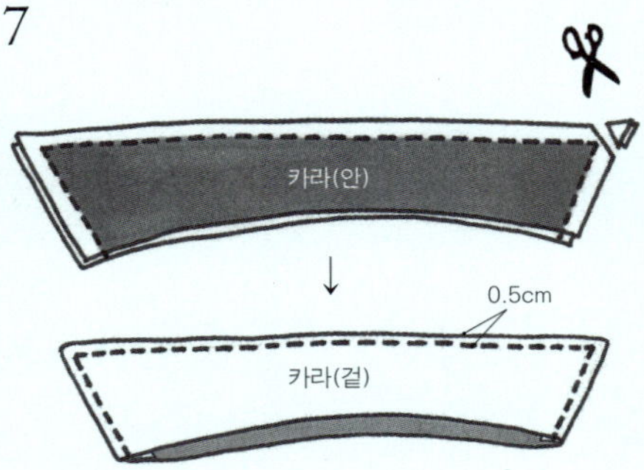

8

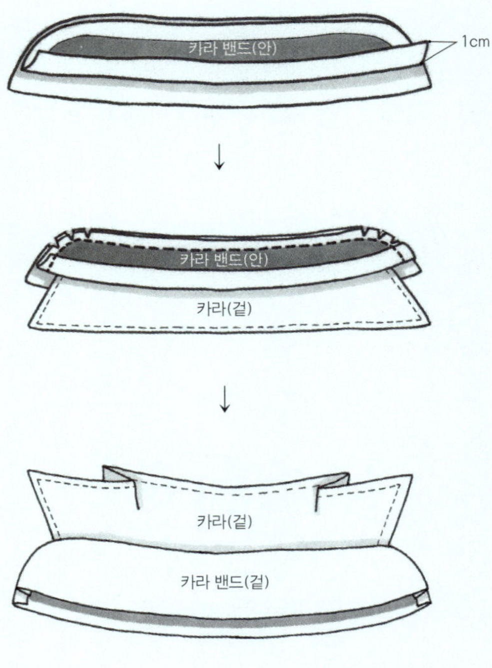

5. 뒤 몸판 중심에 주름을 잡고 뒤 요크와 겉끼리 맞대어 박은 후 시접 2장을 함께 오버로크한다. 시접을 위로 보내 다린 후 겉에서 상침한다.
6. 앞 몸판과 뒤 몸판을 겉끼리 맞대어 어깨선을 박고 시접 2장을 함께 오버로크한다. 시접을 뒤로 보내고 겉에서 상침한다.
7. 접착심지를 붙인 카라를 겉끼리 맞대어 박고 모서리 시접을 잘라 낸 후 뒤집는다. 겉에서 0.5cm로 상침한다.
8. 접착심지를 붙인 카라밴드의 한쪽 시접을 1cm로 접어 다리고 2장을 겉끼리 맞댄다. 카라밴드 사이에 카라를 끼워 넣고 박은 후 뒤집는다.

9

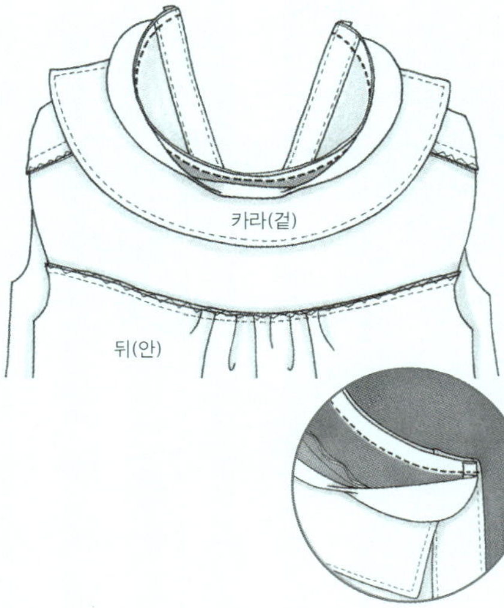

10

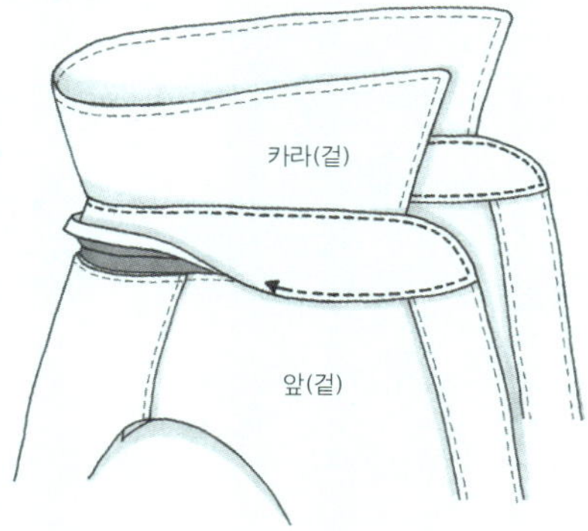

11

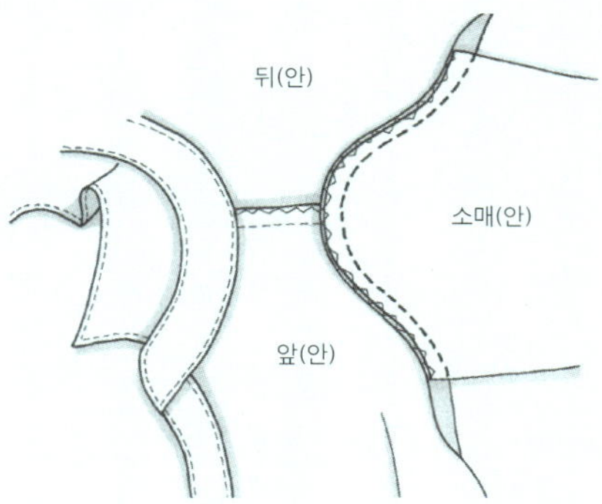

12

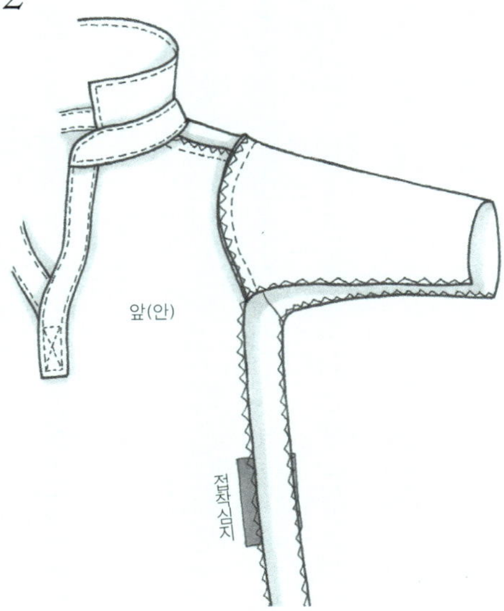

9. 몸판의 안쪽 목둘레에 카라밴드를 맞대고 박는다.
10. 카라밴드를 겉으로 넘긴 후 겉에서 카라밴드를 따라 박아준다.
11. 몸판과 소매를 겉끼리 맞대어 박은 후 시접 2장을 함께 오버로크해서 몸판 쪽으로 보낸다.
12. 소매와 몸판의 옆선 시접을 각각 오버로크한 후 앞 몸판의 주머니 위치 안쪽에 접착심지를 붙인다.

I3

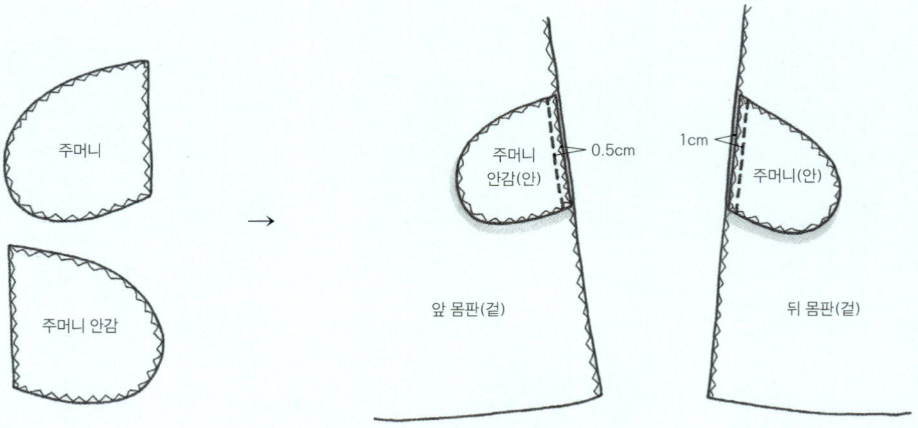

I4

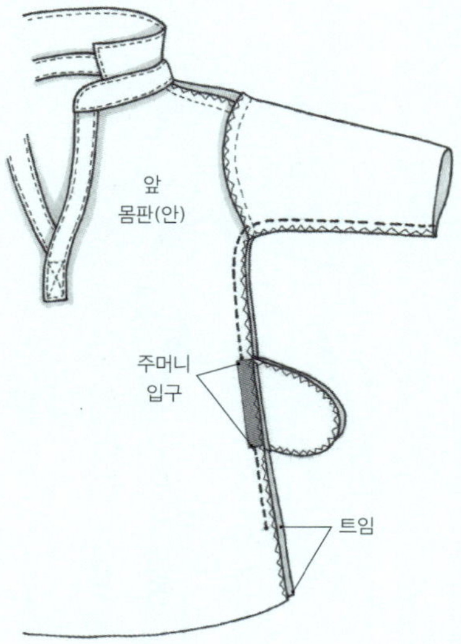

I5

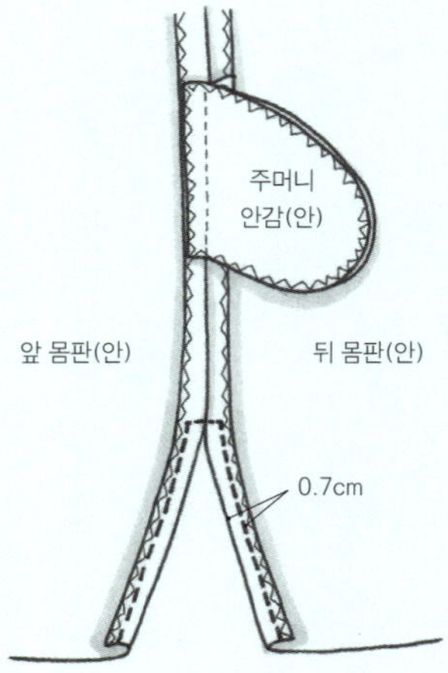

I3. 주머니 2장과 주머니 안감 2장 둘레의 시접에 오버로크를 한다. 앞 몸판의 주머니 위치에 주머니 안감을 겉끼리 맞댄 후 0.5cm로 박는다. 뒤 몸판의 주머니 위치에는 주머니를 겉끼리 맞댄 후 1cm로 박는다.

I4. 주머니를 몸판 안쪽으로 넘겨 앞 몸판과 뒤 몸판을 겉끼리 맞닿게 놓고 소매와 몸판의 옆선을 박는다. 주머니 입구 부분을 제외하고 트임 위치까지만 박아야 한다.

I5. 트임 부분의 시접을 양쪽으로 갈라 다린 후 박는다.

16

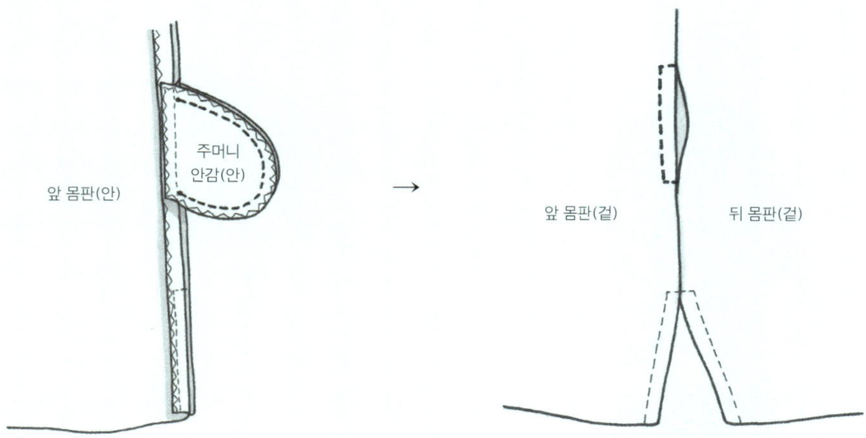

17

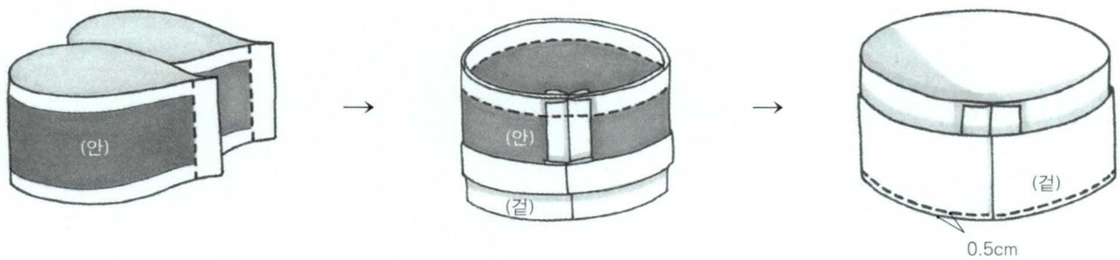

18

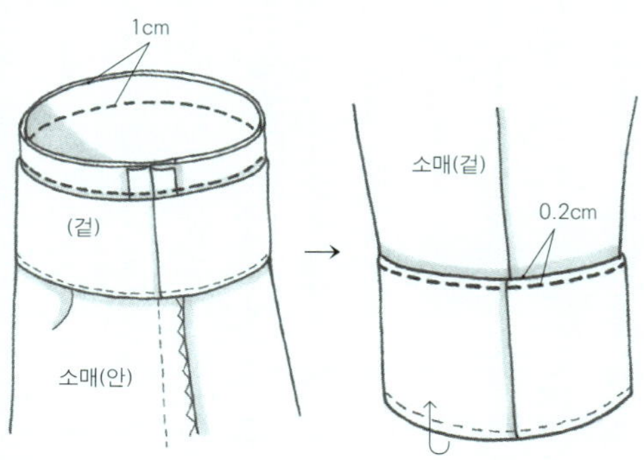

16. 주머니와 주머니 안감을 맞대고 둘레를 박는다. 앞 몸판 겉에서 주머니 입구 부분에 스티치를 한다. 반대편도 같은 방법으로 숨은 주머니를 만든다.
17. 커프스 안쪽에 접착심지를 붙이고 겉끼리 맞닿게 반으로 접어 박은 후 하나만 시접을 길게 접어 다린 상태에서 2장을 겉끼리 맞닿게 포개어 박는다. 겉이 나오게 뒤집어서 커프스 끝단을 박는다.
18. 소매 안쪽에 커프스를 포개서 박은 후 겉으로 넘겨 박는다. 나머지 커프스도 같은 방법으로 소매에 연결한다.
19. 밑단을 1cm, 2cm로 두 번 접어 박는다.

styling cut p.58

셔츠 원피스

Shirts onepiece mom

27

✤ 실물 패턴

패턴지 C 뒷면

✤ 완성 사이즈

옷 길이 94, 가슴둘레 102, 소매 길이 63cm

✤ 원단 필요량

150cm 폭 린넨 2마

✤ 부자재

접착심지, 단추(13mm) 10개

✤ 재단 배치도

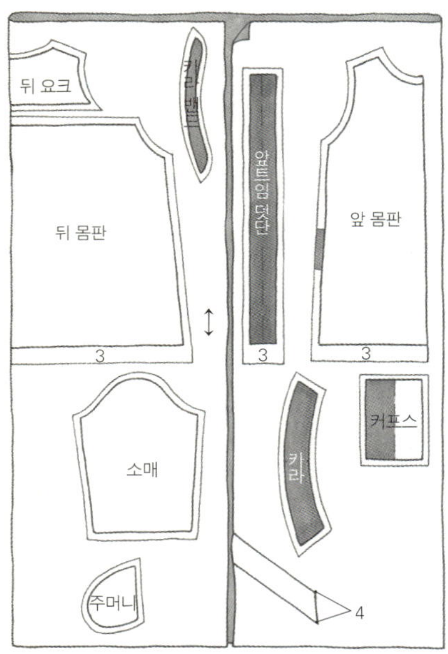

✤ 재단하는 방법

- 앞 몸판 2장, 뒤 몸판 1장, 뒤 요크 1장, 소매 2장, 카라 2장, 카라밴드 2장, 주머니 2장, 커프스 2장, 앞트임 덧단 2장, 바이어스를 재단 배치도에 표시된 수치대로 시접을 두고 재단한다.
- 표시하지 않은 곳은 모두 시접 1cm로 재단한다.
- ▇ 는 접착심지를 붙일 부분을 의미한다.

✤ 작업 순서

1

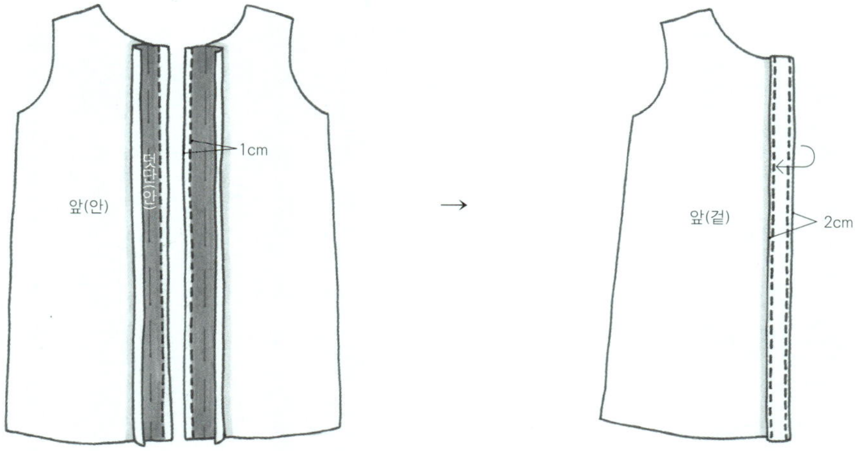

2

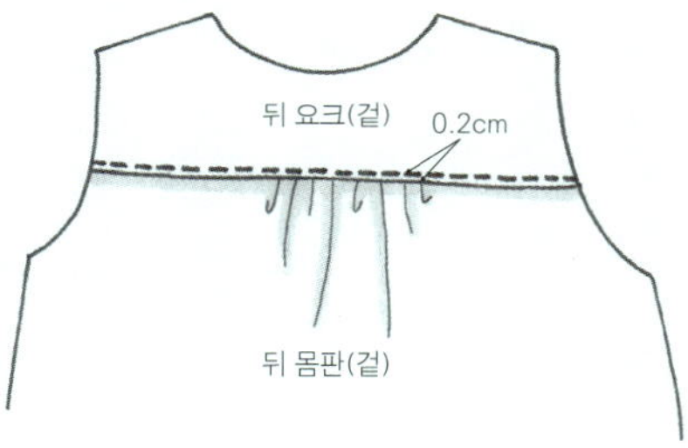

3

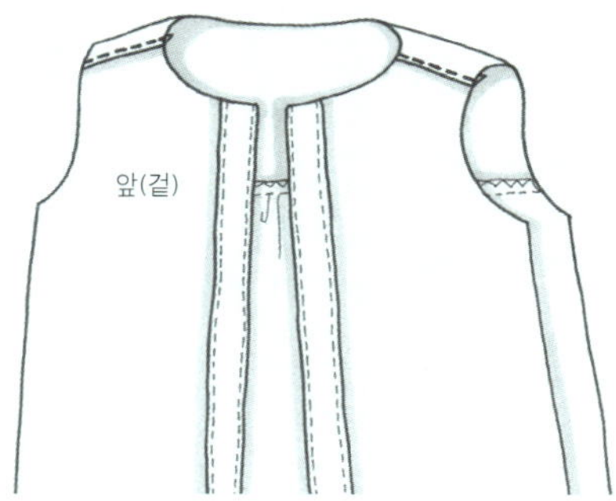

4

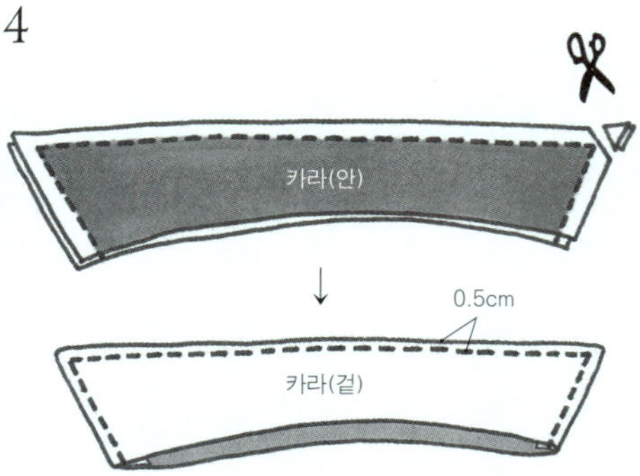

✣ 만드는 방법

1. 앞 몸판 안쪽에 접착심지를 붙인 덧단을 올려놓고 박는다. 4단 바이어스로 시접을 감싸듯이 겉으로 넘겨서 한 번 더 박는다.
2. 뒤 몸판 중심에 주름을 잡고 뒤 요크와 겉끼리 맞대어 박은 후 시접 2장을 함께 오버로크한다. 시접을 위로 보내 다린 후 겉에서 상침한다.
3. 앞, 뒤 몸판을 겉끼리 맞댄 후 어깨선을 박고 시접 2장을 함께 오버로크한다. 시접을 뒤 몸판 쪽으로 보내고 겉에서 상침한다.
4. 접착심지를 붙인 카라를 겉끼리 맞대어 박고 모서리 시접을 잘라 낸 후 뒤집는다. 겉에서 0.5cm로 상침한다.

5

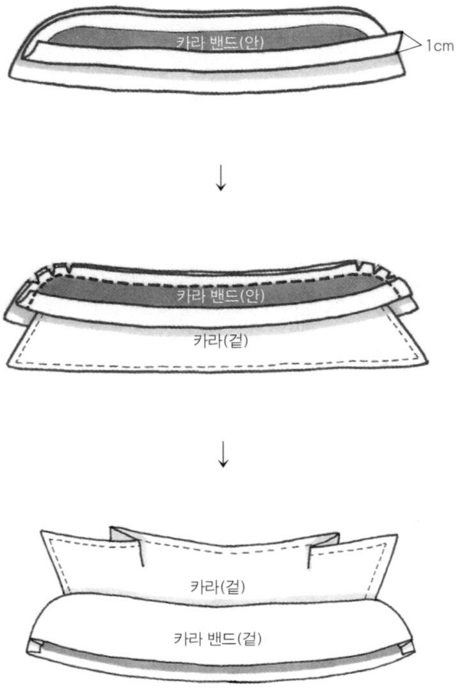

6

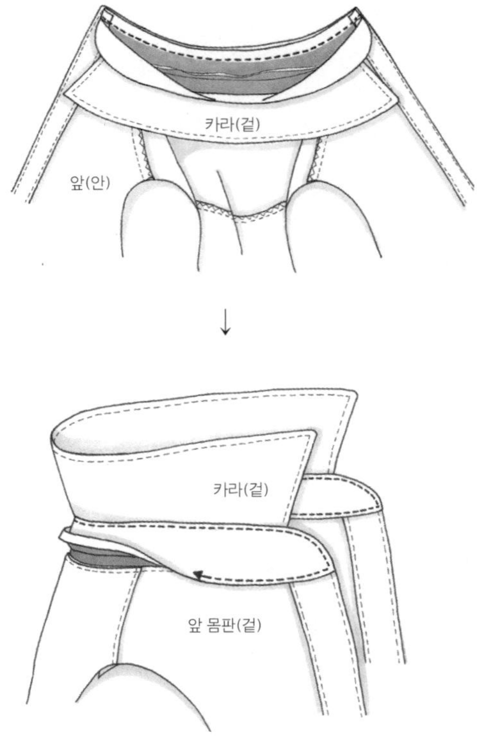

5. 접착심지를 붙인 카라밴드의 한쪽 시접을 1cm로 접어 다리고 2장을 겉끼리 맞댄다. 카라밴드 사이에 카라를 끼워 넣고 박은 후 뒤집는다.
6. 몸판의 안쪽 목둘레에 카라밴드를 맞대고 박는다. 카라밴드를 겉으로 넘긴 후 겉에서 카라밴드를 따라 박아준다.
7. 몸판과 소매를 겉끼리 맞대어 박은 후 시접 2장을 함께 오버로크해서 몸판 쪽으로 보낸다. 소매와 몸판의 옆선 시접은 각각 오버로크한 후 앞 몸판의 주머니 위치 안쪽에 접착심지를 붙인다.

7

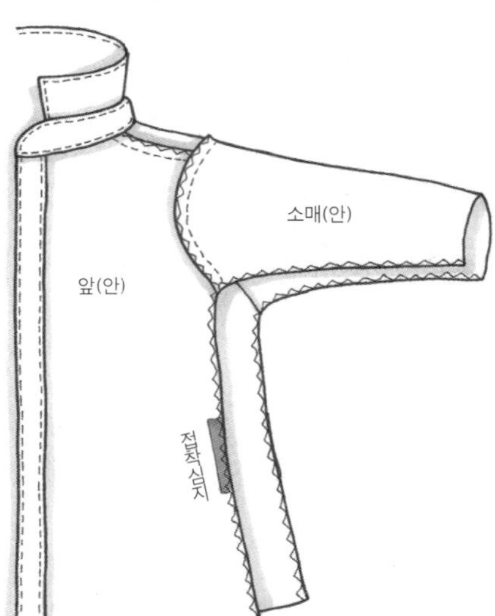

8

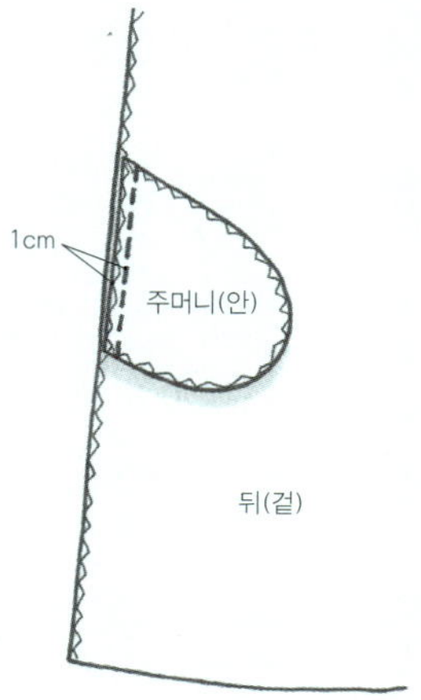

9

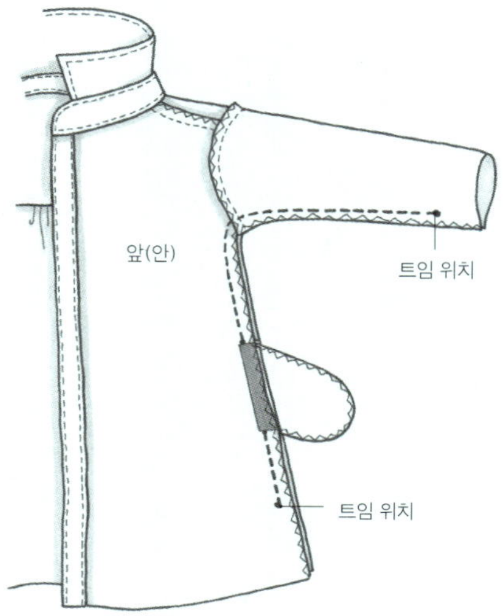

10

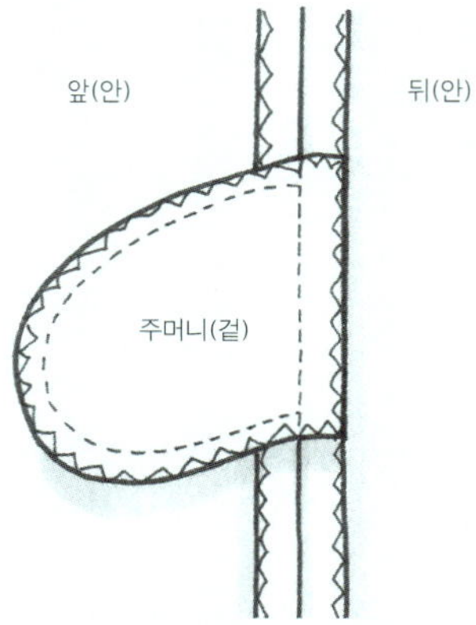

11

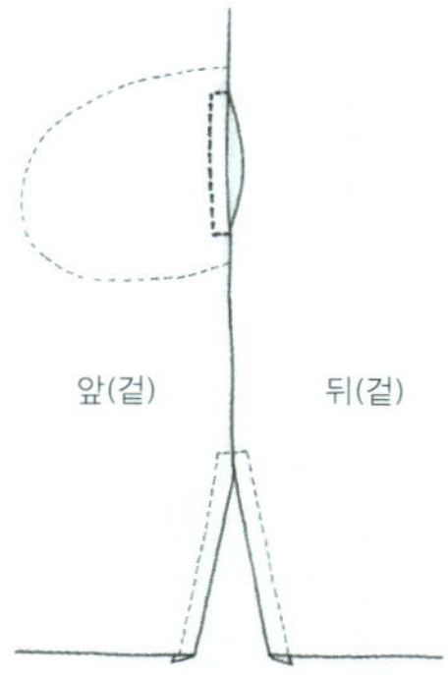

12

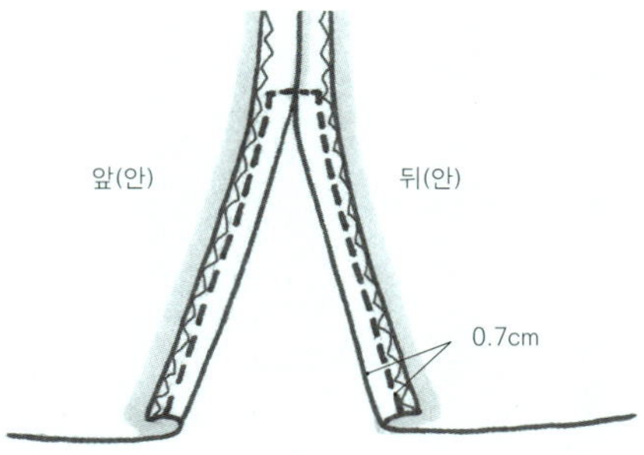

8. 주머니 2장의 둘레에 오버로크를 한 후 뒤 몸판의 주머니 위치에 겉끼리 맞댄 후 박는다.
9. 주머니를 몸판 안쪽으로 넘겨 앞 몸판과 뒤 몸판을 겉끼리 맞닿게 놓고 소매와 몸판의 옆선을 박는다. 주머니 입구 부분을 제외하고 소매와 밑단의 트임 위치까지만 박아야 한다.
10. 주머니를 앞 몸판 쪽으로 보낸 후 주머니 모양을 따라 앞 몸판과 함께 박는다. 색실로 스티치를 놓아도 된다.
11. 앞 몸판 겉에서 주머니 입구 부분에 스티치를 한다.
12. 트임 부분의 시접은 양쪽으로 갈라 다린 후 박는다.

13

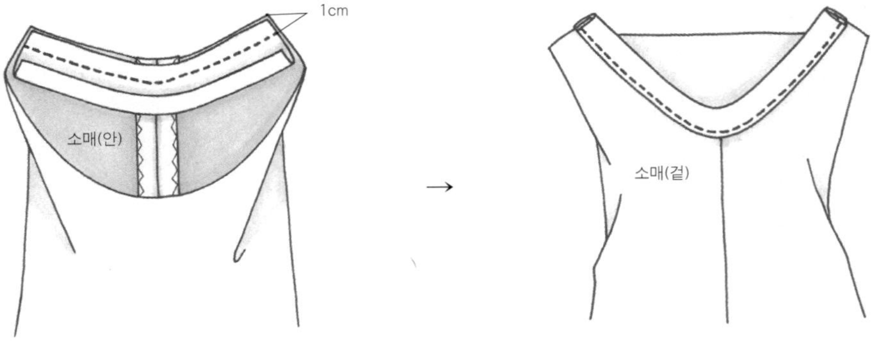

14

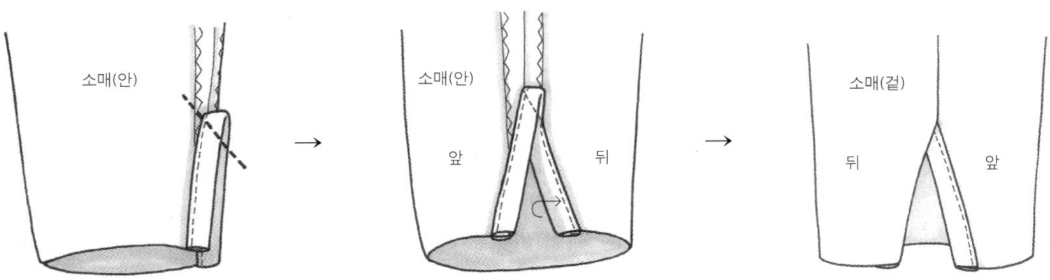

15

13. 소매 안쪽의 트임 부분에 바이어스를 올려놓고 박은 후 바이어스로 시접을 감싸면서 겉으로 넘겨 박는다.
14. 소매 안쪽에서 바이어스가 접힌 부분을 사선으로 박은 후 뒤 소매의 바이어스를 안쪽으로 접어서 다려 준다.
15. 커프스에 접착심지를 붙이고 한쪽 시접을 접어 다린 후 겉끼리 맞닿게 반으로 접어 양쪽 끝을 박고 뒤집는다.

16

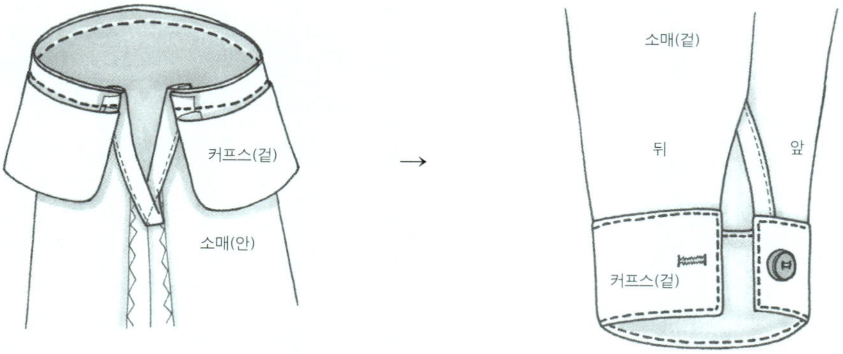

17

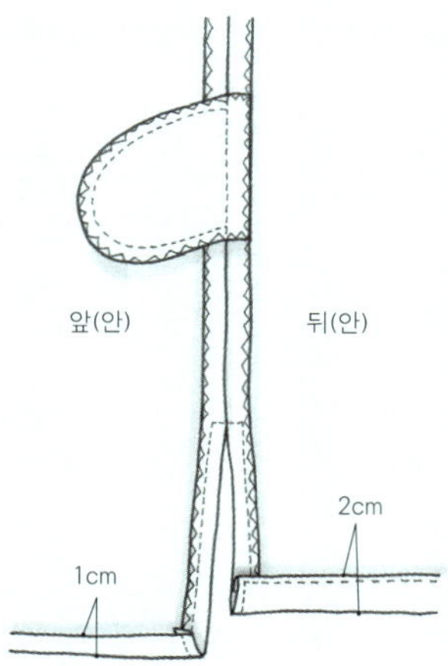

18

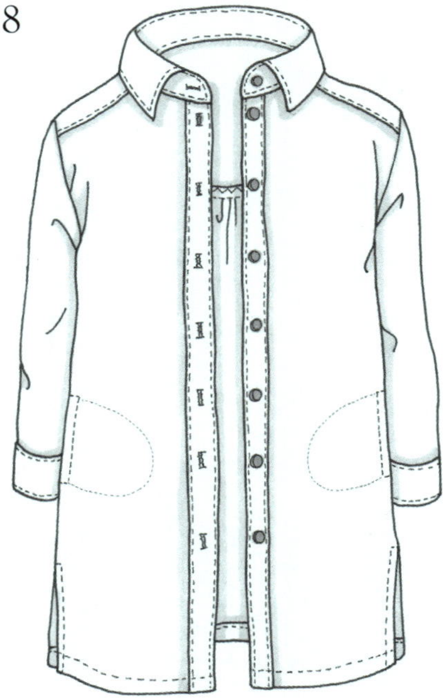

16. 소매 안쪽에 커프스를 포개서 박은 후 시접을 감싸면서 겉으로 넘겨 박는다. 커프스 둘레를 상침한다.
17. 밑단을 두 번 접어 박는다.
18. 덧단과 커프스에 단추구멍을 만들고 단추를 달아 준다.

styling cut p.60

내추럴 슬립

Natural slip mom

28

실물 패턴

패턴지 C 앞면

완성 사이즈

옷 길이 98, 가슴둘레 116cm

원단 필요량

150cm 폭 코튼 1마

부자재

6cm 폭 레이스, 13cm 폭 레이스, 바이어스

재단 배치도

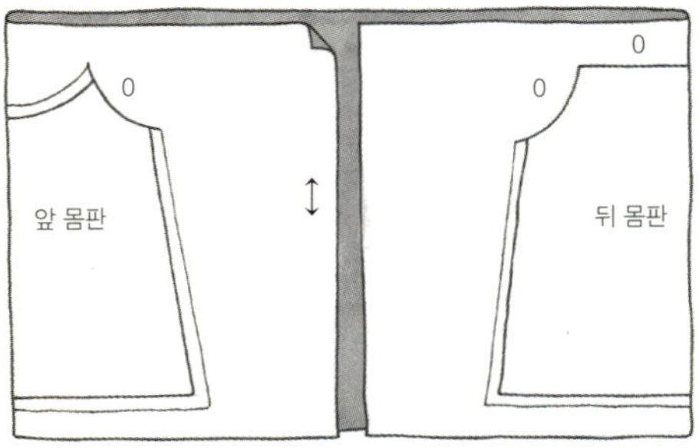

재단하는 방법

- 앞 몸판 1장, 뒤 몸판 1장을 재단 배치도에 표시된 수치대로 시접을 두고 재단한다.
- 표시하지 않은 곳은 모두 시접 1cm로 재단한다.

작업 순서

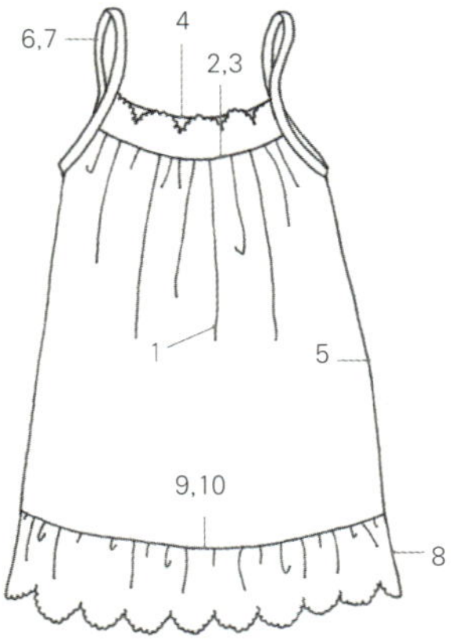

1

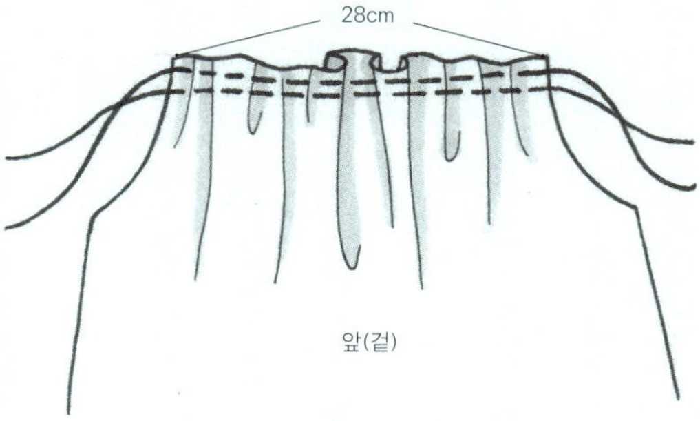

2

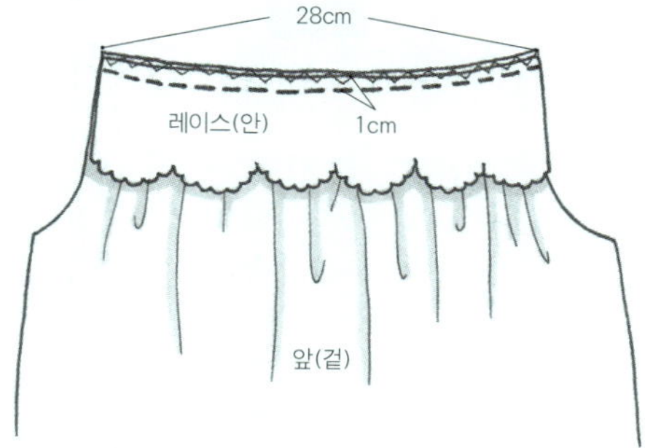

3

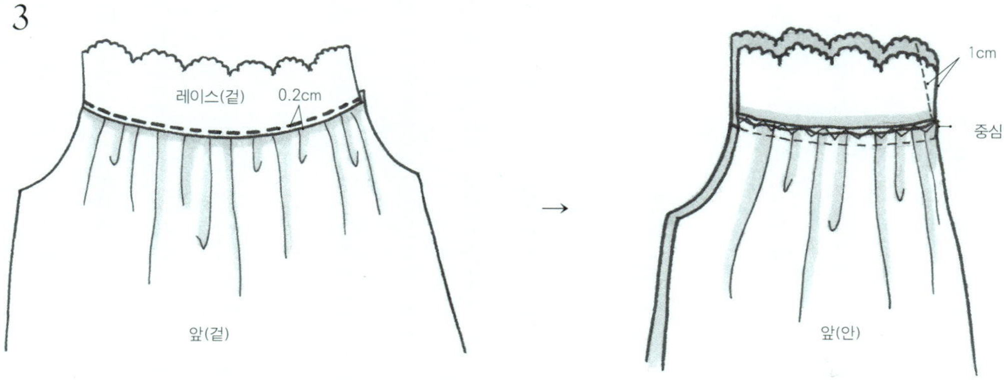

✤ 만드는 방법

1. 앞 몸판에 주름을 잡는다.
2. 6cm 폭 레이스를 28cm 길이로 준비해서 앞 몸판과 겉끼리 맞대어 박고 시접 2장을 함께 오버로크한다.
3. 시접을 위로 꺾어 다린 후 겉에서 상침한다. 앞 몸판의 중심을 반으로 접은 후 레이스 부분을 사선으로 박는다.

4

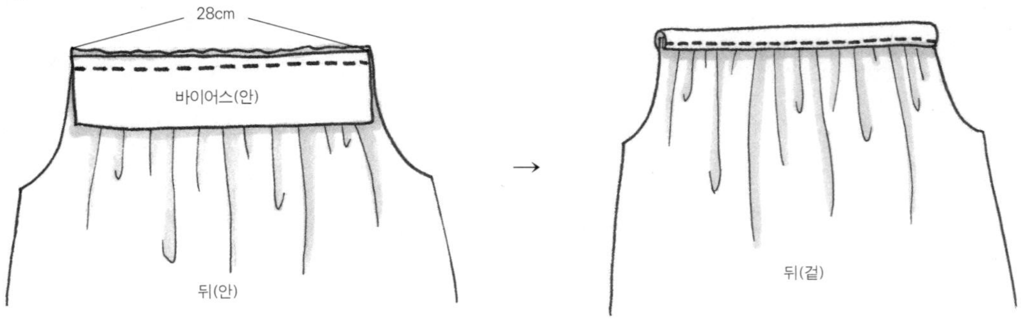

5

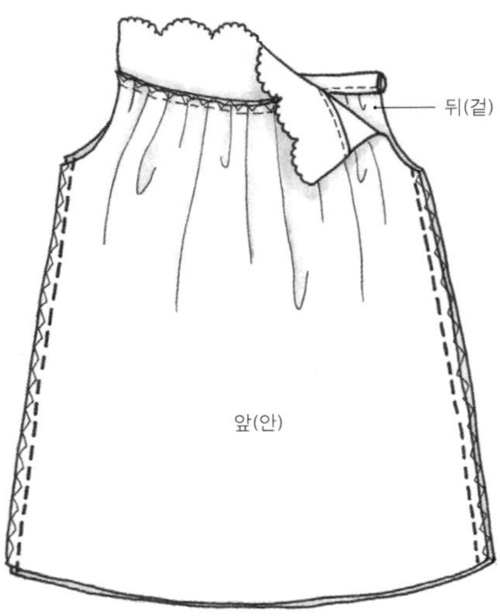

6

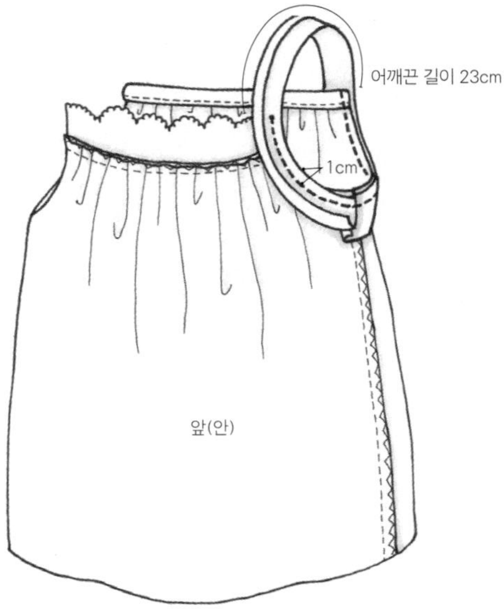

4. 뒤 몸판에 주름을 잡은 뒤 폭 4cm, 길이 28cm의 바이어스를 겉끼리 맞대어 박는다. 바이어스로 시접을 감싸 겉쪽으로 넘긴 후 박는다.
5. 앞 몸판과 뒤 몸판을 겉끼리 맞대어 옆선을 박은 후 시접 2장을 함께 오버로크해서 뒤쪽으로 보낸다.
6. 안쪽에서 소매 둘레를 따라 바이어스를 두르고 어깨끈의 길이가 23cm가 되도록 남겨 놓고 박는다.

7

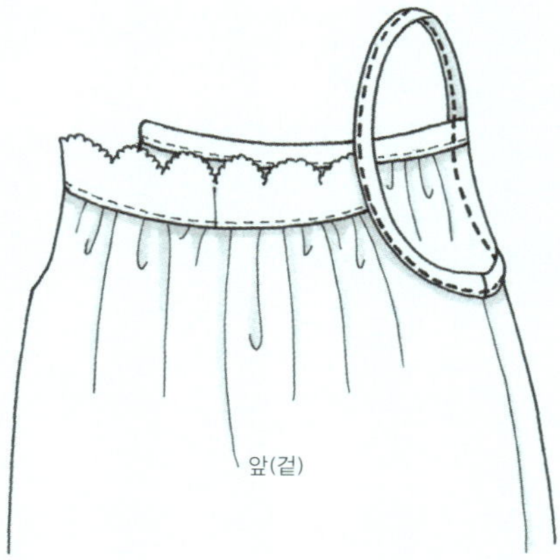

8

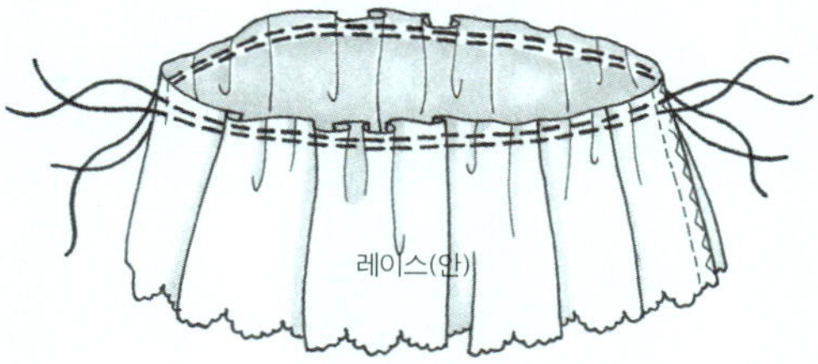

9

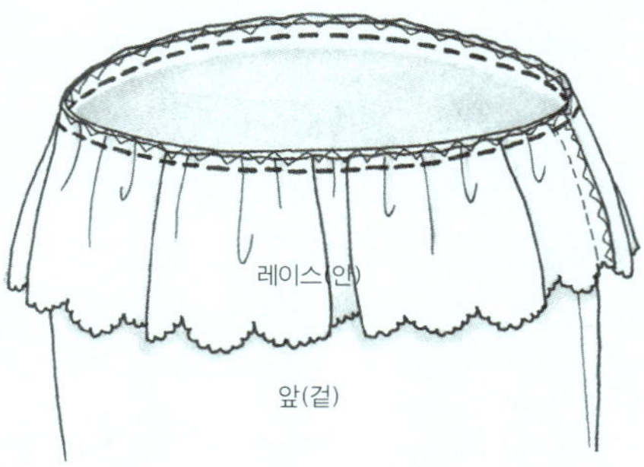

10

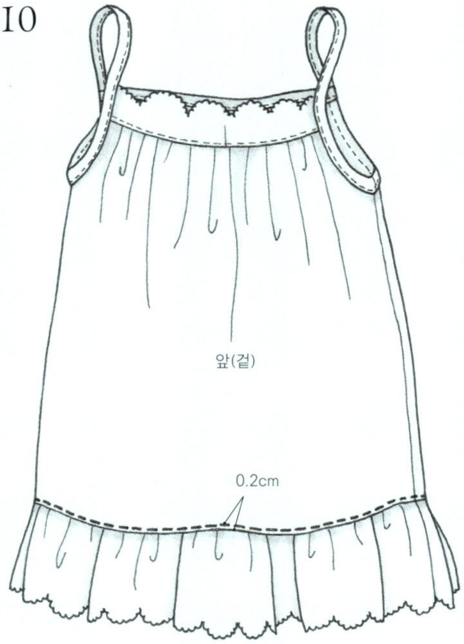

7. 바이어스로 시접을 감싸 겉쪽으로 넘긴 후 박는다.
8. 폭 13cm, 길이 240cm의 레이스를 반으로 접어 옆선을 박고 주름을 잡는다.
9. 앞, 뒤 몸판과 레이스를 겉끼리 맞대어 박고 시접 2장을 함께 오버로크한다.
10. 밑단 시접을 위로 꺾어 다린 후 겉에서 상침한다.

styling cut p.62

내추럴 슬립

Natural slip kids

29

✤ 실물 패턴

패턴지 A 뒷면

✤ 완성 사이즈 (100사이즈 기준)

옷 길이 57, 가슴둘레 80cm

✤ 원단 필요량

150cm 폭 코튼 1마

✤ 부자재

5cm 폭 레이스, 13cm 폭 레이스, 바이어스

✤ 재단 배치도

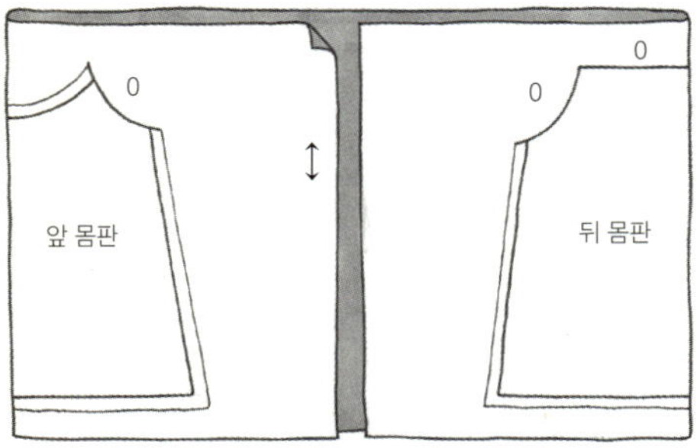

✤ 재단하는 방법

- 앞 몸판 1장, 뒤 몸판 1장을 재단 배치도에 표시된 수치대로 시접을 두고 재단한다.
- 표시하지 않은 곳은 모두 시접 1cm로 재단한다.

✤ 작업 순서

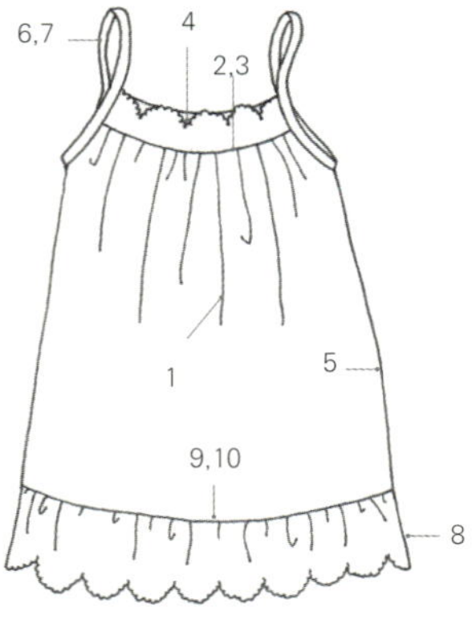

2

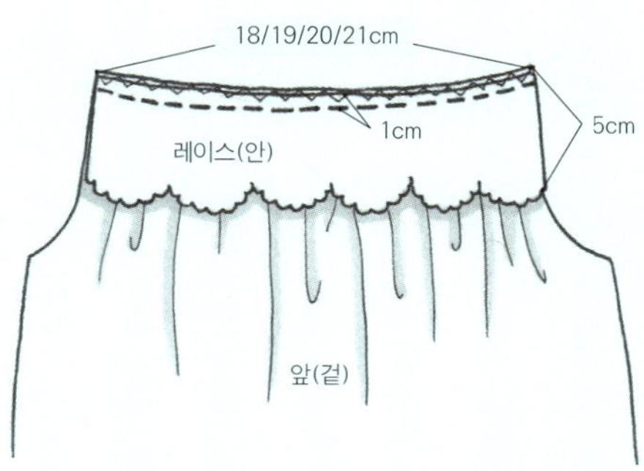

6

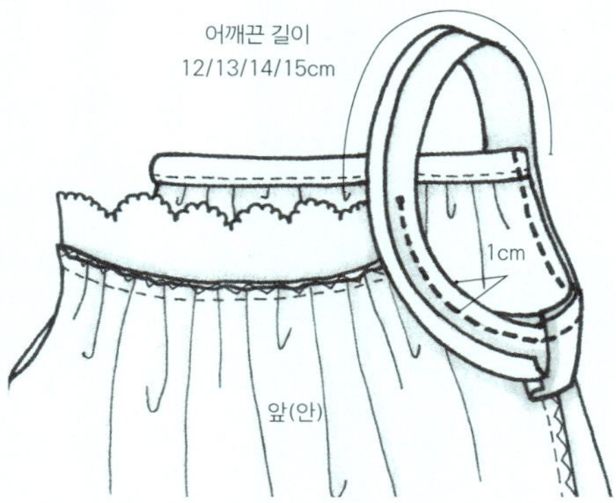

8

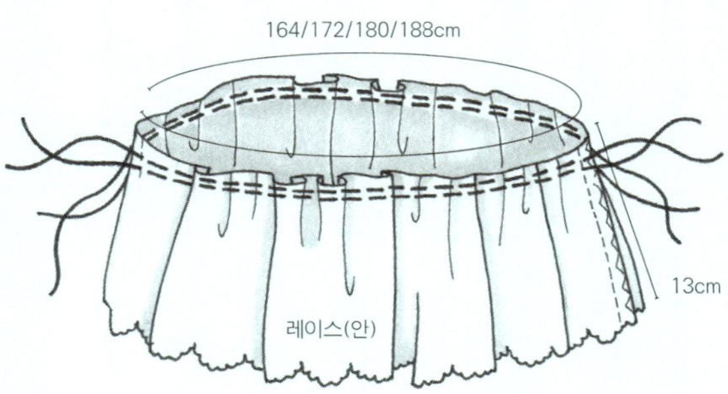

만드는 방법

내추럴 슬립 mom과 만드는 방법이 동일하다.
레이스 폭과 길이, 어깨끈 길이만 다르게 준비하도록 한다.

가슴 부분 레이스: 18/19/20/21cm

밑단 레이스: 164/172/180/188cm

어깨끈: 12/13/14/15cm

styling cut p.63

레이스 속바지

Lace drawers mom

30

✤ 실물 패턴

패턴지 B 앞면

✤ 완성 사이즈

옷 길이 76cm

✤ 원단 필요량

150cm 폭 코튼 1마

✤ 부자재

2.5cm 폭 고무줄, 13cm 폭 레이스

✤ 재단 배치도

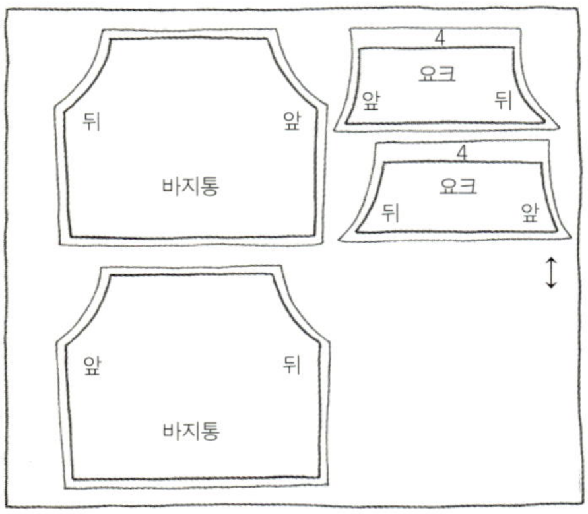

✤ 재단하는 방법

- 바지통 2장, 요크 2장을 재단 배치도에 표시된 수치대로 시접을 두고 재단한다.
- 표시하지 않은 곳은 모두 시접 1cm로 재단한다.

✤ 작업 순서

1

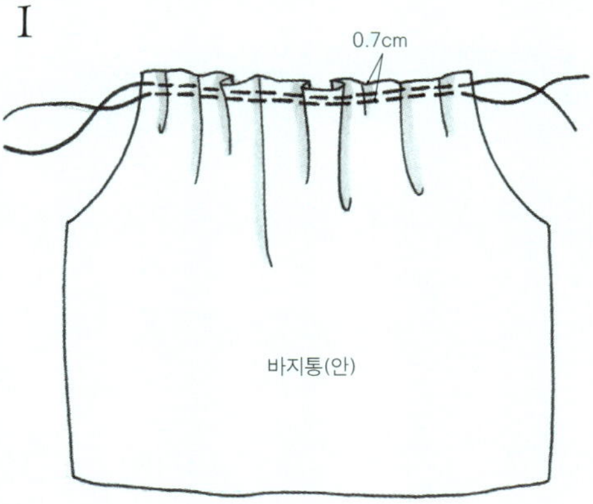

2

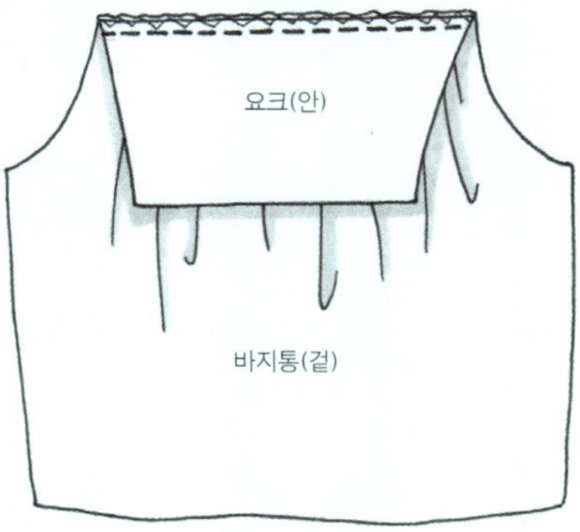

3

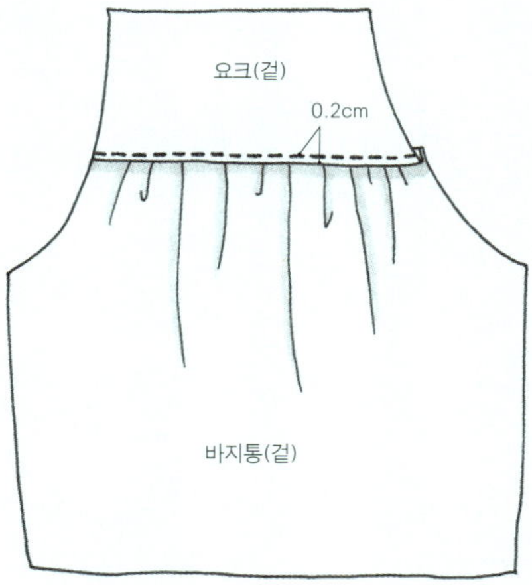

❖ 만드는 방법

1. 바지통 위쪽에 주름을 잡는다.
2. 바지통과 요크를 겉끼리 맞대어 박은 후 시접 2장을 함께 오버로크한다.
3. 시접을 위로 보내 다린 후 겉에서 상침한다.

4

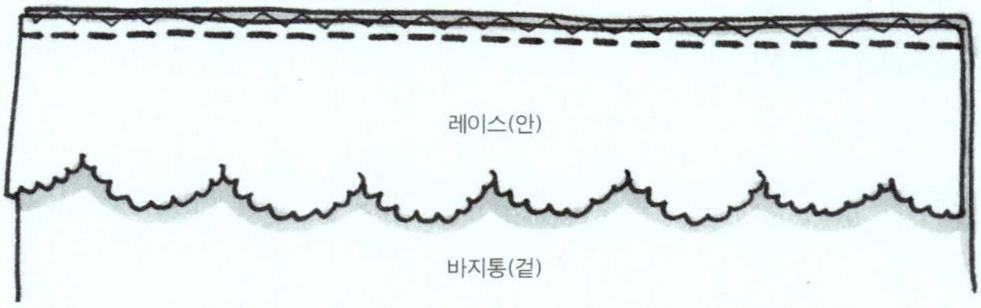

5

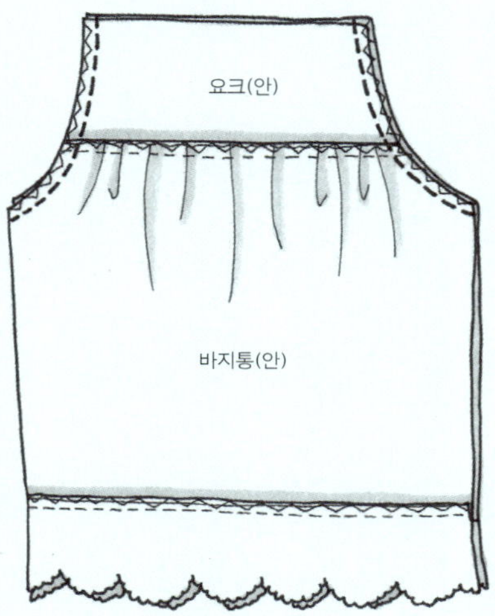

6

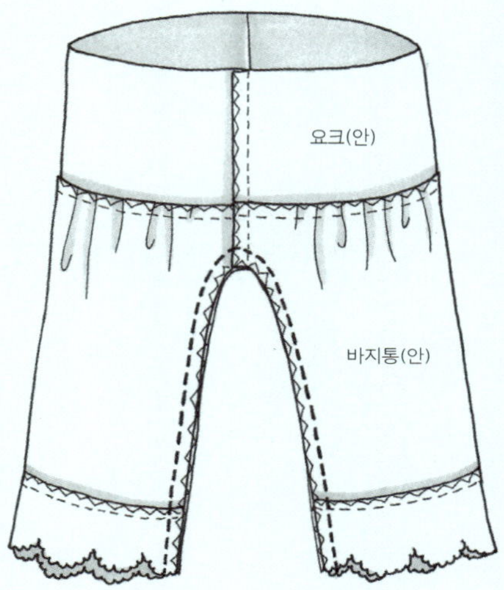

4. 바지통 아래쪽에 레이스를 겉끼리 맞닿도록 포개어 박고 시접 2장을 함께 오버로크한다. 시접을 위로 꺾어 다린 후 겉에서 상침한다.
5. 바지통 2장을 겉끼리 맞대어 밑위 부분을 박은 후 시접 2장을 함께 오버로크한다.
6. 밑위 아래의 옆선을 박은 후 시접 2장을 함께 오버로크한다.

7

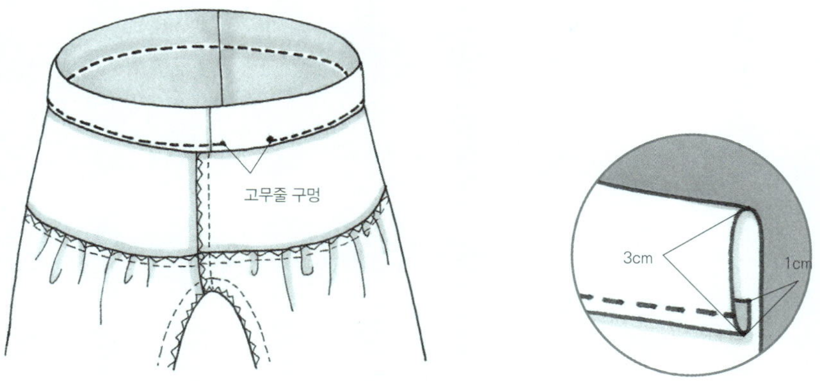

8

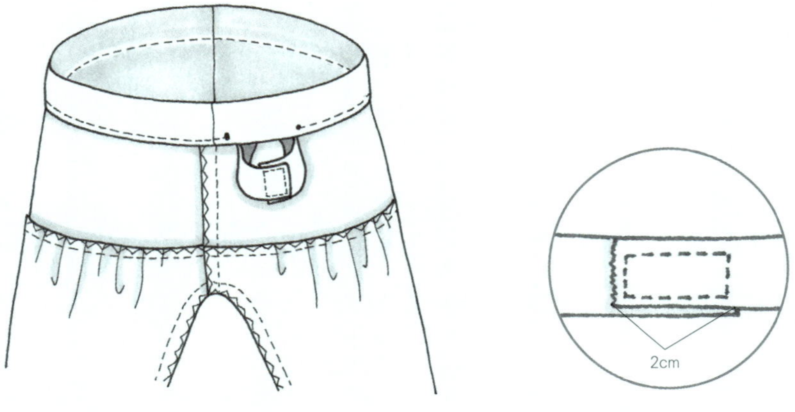

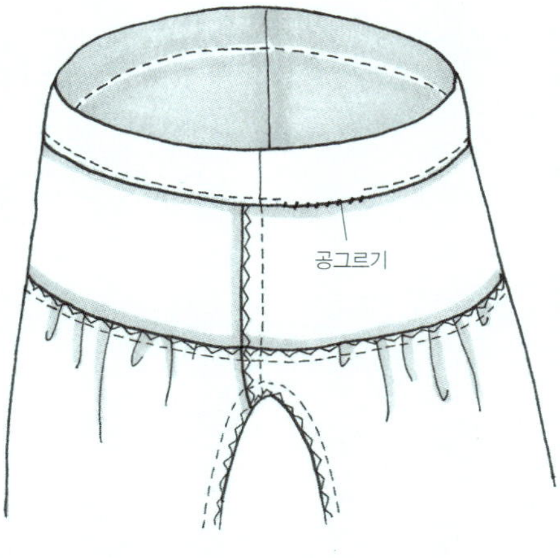

7. 허리 부분의 시접을 1cm, 3cm로 두 번 접어 박는다. 고무줄 넣을 구멍을 남겨 놓는다.
8. 고무줄을 끼운 후 양쪽을 교차시켜 사각형 모양으로 박는다(고무줄 길이=허리둘레×0.9+2cm). 고무줄을 넣은 구멍은 공그르기로 막는다.

styling cut p.63

레이스 속바지

Lace drawers kids

31

실물 패턴

패턴지 A 앞면

완성 사이즈 (100사이즈 기준)

옷 길이 54cm

원단 필요량

150cm 폭 코튼 1마

부자재

2cm 폭 고무줄, 13cm 폭 레이스

재단 배치도

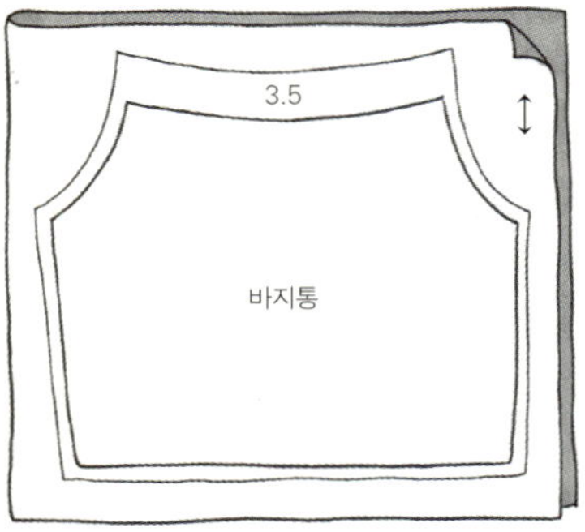

재단하는 방법

- 바지통 2장을 재단 배치도에 표시된 수치대로 시접을 두고 재단한다.
- 표시하지 않은 곳은 모두 시접 1cm로 재단한다.

작업 순서

1

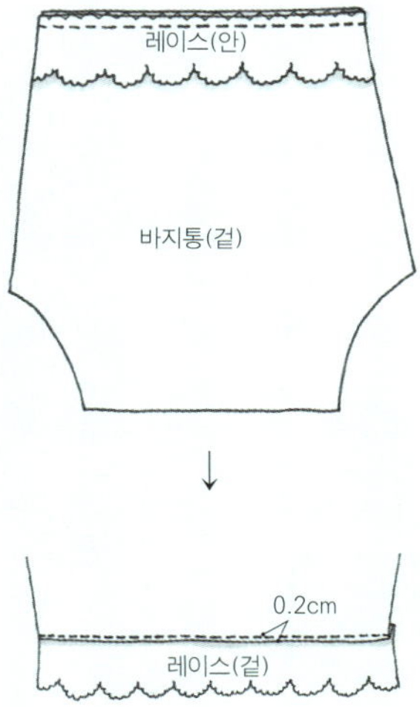

❖ 만드는 방법

1. 바지통 밑단에 레이스를 겉끼리 맞닿게 포개어 박은 후 시접 2장을 함께 오버로크한다. 시접을 위로 꺾어 다린 후 겉에서 상침한다.
2. 바지통 2장을 겉끼리 맞닿게 포개어 밑위를 박은 후 시접 2장을 함께 오버로크한다.
3. 밑위 아래의 옆선을 박은 후 시접 2장을 함께 오버로크한다.
4. 허리 부분의 시접을 1cm, 2.5cm로 두 번 접어 박는다. 고무줄 구멍을 남겨 놓는다.
5. 고무줄을 끼운 후 양쪽을 교차시켜 사각형 모양으로 박는다. 고무줄을 넣은 구멍은 공그르기로 막는다.

2

3

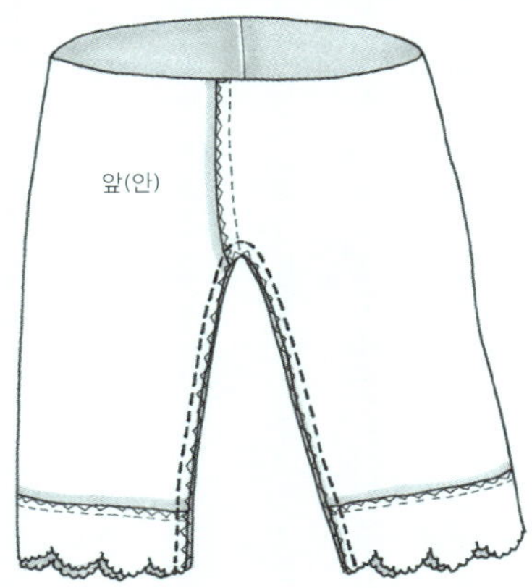

4

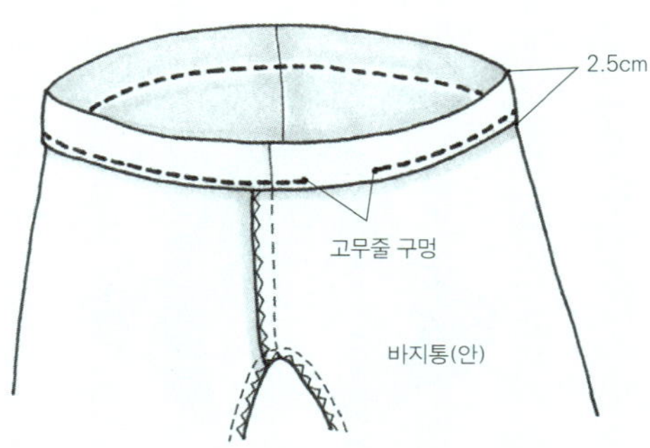

5

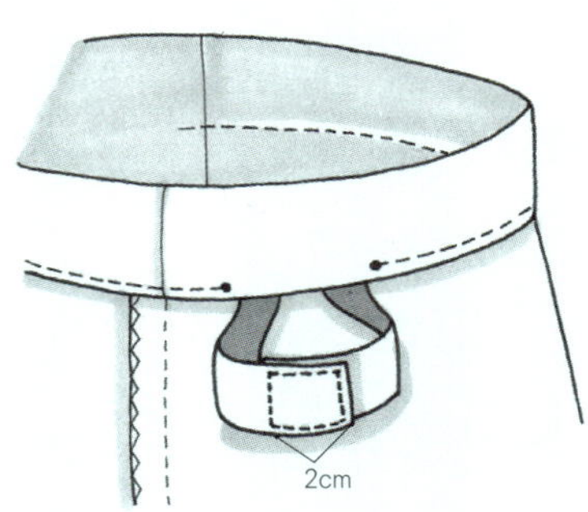